GÜTERSLOHER
VERLAGSHAUS

Gütersloher Verlagshaus. Dem Leben vertrauen

Wolf Schneider, geboren 1952, Studium der Naturwissenschaft und Philosophie (1971–1975); 1976 eine Regenzeit lang buddhistischer Mönch; 1985 Gründung des Connection Verlages, der u. a. die kulturübergreifende Monatszeitschrift »connection« herausgibt. Redakteur, Buchautor und Gründer der »Schule der Kommunikation«, die zum F. A. (fool of arts) ausbildet. Er lebt in Niedertaufkirchen. www.schreibkunst.com

Wolf Schneider

Kleines Lexikon esoterischer Irrtümer

Von Astrologie bis Zen

Gütersloher Verlagshaus

Bibliografische Information der Deutschen Nationalbibliothek
Die Deutsche Nationalbibliothek verzeichnet diese Publikation in der Deutschen Nationalbibliografie; detaillierte bibliografische Daten sind im Internet über http://dnb.d-nb.de abrufbar.

1. Auflage

Satz: Katja Rediske, Landesbergen
Umschlagmotiv: corbis
Druck und Einband: CPI Moravia Books, Korneuburg
Printed in Czech Republic
ISBN 978-3-579-06522-9

www.gtvh.de

Vorwort

Kann man über Irrtümer der Esoterik schreiben, ohne sich gleich gegen eine ihrer Wahrheiten zu versündigen, nämlich indem sich das Wesentliche nicht sagen lässt? Ja, man kann. Denn vor dem Eintritt in das himmlische Schweigen kommt noch eine Menge Erwähnenswertes.

Hintergrund meines Hochmutes, über einen solch delikaten Bereich zu schreiben, sind 23 Jahre Redaktion einer Zeitschrift, die die esoterische Szene Monat für Monat beobachtet und beschreibt. Diese 23 Jahre sind auch Jahre der Übersättigung mit spirituellen Phrasen und Halbwahrheiten, mit Unverdautem und Missverstandenem. Der typische Esoteriker ist nett, mitfühlend, optimistisch, neugierig und aufgeschlossen, aber leider auch sehr leichtgläubig. Vertrauen, Herzlichkeit und Hingabe werden in dieser Szene so hoch gehandelt, dass sie oft in Leichtsinn und Blauäugigkeit kippen. Währenddessen werden Intellekt und Unterscheidungsvermögen diskreditiert, so dass Phrasendrescher und somit die Verkäufer des Halbwahren bei ihren Anhängern allzu oft ein leichtes Spiel haben.

Hier will dieses kleine Lexikon eingreifen und einige der typischen Irrtümer der Szene klarstellen – mit einer Prise Humor – denn ohne den ist das Leben bekanntlich nicht zu ertragen – und die Esoterik schon gar nicht.

Die hier aufgeführten knapp 300 Begriffe hätten leicht noch um weitere 100 und mehr ergänzt werden können. Irrtümer gibt es genug. Doch ich wollte hier nur die gängigsten und typischsten aufführen – und die, die mir am meisten auf die Nerven gehen. Denn als Redakteur eines in dieser Szene angesiedelten Magazins steht man sozusagen »knietief« im Jargon. Aufgrund der Überdosierung des Stoffs kann das zu allergischen Reaktionen führen, während andere diese vermeintlichen »Irrtümer« als harmlos oder sogar als heilsam empfinden.

Ich möchte mit meinem Büchlein für eine aufgeklärte Mystik plädieren, für eine unverstellte, unvoreingenommene Erfahrung der Wirklichkeit. Dafür braucht es keine religiösen Dogmen, aber auch keine esoterischen Phrasen. Aufrichtigkeit, Offenheit, Neugier und eine gesunde Portion Skepsis sind auf dem spirituellen Weg viel wichtiger als jedes esoterische Wissen. Das meiste von dem, was einem Wahrheitssucher auf seinem Weg begegnet, erweist sich früher oder später doch als Ballast. Aber das weiß man bei Antritt der Reise noch nicht. Auch in diesem Punkt will mein kleines Lexikon helfen. Eigene Erfahrungen kann es nicht ersetzen, aber es kann vielleicht den einen oder anderen Umweg abkürzen.

Von Astrologie bis Zen, ist da schon alles dabei? Natürlich nicht. Erstens beginnt das Buch mit »Aberglaube«, Astrologie ist erst der fünfzehnte Begriff. Die Zahl fünfzehn aber … nein, lassen wir das. Wenn Sie das Buch gelesen haben, glauben Sie mir meine Erklärung sowieso nicht mehr.

Und warum ich mit 2012 ende und nicht mit Zen, das liegt daran, dass 2012 nicht nur das Ende dieses Buches, sondern auch das Ende unserer bisherigen Wahrnehmung von Zeit markiert. Richtig? Nein? Dann kommen wir doch lieber erst einmal zum Ende dieses Vorworts …

Wolf Schneider

A

Aberglaube *ist der ursprüngliche und naturnahe Glaube der Völker, den die Hochreligionen zu Unrecht verachtet haben. Die für den herrschenden Klerus gefährliche Esoterik wurde mit ihm in einen Topf geworfen, um sie vor der obrigkeitsgläubigen Bevölkerung zu diskreditieren.*

Richtig ist, dass die Diffamierung von Glauben als »Aberglaube« zur Sicherung von Herrschaft benutzt wurde und dass die Esoterik Elemente enthält, die das Individuum befreien und ermächtigen können, was politisch durchaus nicht ungefährlich ist. Allerdings ist auch die Esoterik überwiegend eine naive Art der Religiosität, ebenso wie die populären Strömungen der Hochreligionen.

Die Lehre des **Advaita Vedanta** *– übersetzt das »Wissen von der Nicht-Zweiheit«, also Einheit –, ist die höchste spirituelle Lehre. In dem Spruch »Tat tvam asi – auch das bist du« aus den Upanishaden ist sie auf geniale Weise zusammengefasst.*

Der Advaita Vedanta ist in der Tat ein geniales Kondensat fast zeitloser Mystik. Die Form, wie er in der Esoterikszene weitergegeben wird, ist allerdings oft nicht mehr als ein Geplapper von ES und DAS und DIES oder DAS IST ES und als solches nicht weiser oder genialer als andere spirituelle Lehren.

Achtsamkeit *ist die Kerntugend des Buddhismus. Der gereifte Esoteriker hingegen benötigt aufgrund seiner entwickelten paranormalen Fähigkeiten diese Tugend kaum mehr.*

Ja, Achtsamkeit ist die Kerntugend des Buddhismus, und auch der gereifte Esoteriker benötigt sie. Zum Beispiel kann sie ihn vor Größenwahn bewahren.

Affirmationen *sind Mittel, um sich auf mentale Weise eine erwünschte Wirklichkeit zu erschaffen.*

Affirmationen sind Sätze wie etwa »Ich bin erfolgreich«, mit denen man das Gewünschte als bereits vorhanden behauptet. Wenn man solche Sätze auf die richtige Weise und oft genug wiederholt, werden sie manchmal wahr.
→ ***Wünsche***

Aggression *und Gier sind niedere menschliche Impulse. Reife Seelen haben so etwas nicht, es sei denn Impulse von »göttlichem Zorn«, wie Jesus ihn empfand, als er die Händler aus dem Tempel warf.*

Wann ist Zorn oder Habgier göttlich, wann nicht? Die katholische Kirche definiert sieben Untugenden als »Todsünden« (peccatum mortiferum), darunter Habgier und Zorn. Der Buddhismus sagt, dass niedere Impulse wie Gier und Wut während der spirituellen Entwicklung allmählich geringer werden und dann ganz verschwinden. War Jesus also keine reife Seele, als er die Händler aus dem Tempel jagte? Und die Zenmeister, die ihren verständnislosen Schülern mit dem Stock eins überzogen, waren das Brutalos ohne Mitgefühl? Auch reife Seelen können Zorn empfinden und Gutes, Nützliches »haben« wollen. Dabei können sich niedere und höhere Motive mischen, und die niederen können sich als höhere verkleiden. Jesus im Tempel und die Zenmeister mit dem Stock eignen sich beide gut als Ausreden – je nach religiöser Orientierung wählt man bei Bedarf die eine oder die andere.

Alchimie *ist nicht bloß der unwissenschaftliche Vorläufer der modernen, wissenschaftlichen Chemie. Das eigentliche Ziel der Alchimisten war die mystische Kunst der Umwandlung niederer Gefühle wie Wut oder Gier in höhere wie Mitgefühl oder Weisheit. Dieses Anliegen durften die europäischen Alchimisten aber nicht zeigen, weil sie sonst von der Inquisition als Ketzer verfolgt worden wären. Folglich taten sie so, als seien ihre Ziele nur weltliche: Sie würden versuchen, niedere Metalle in höhere zu verwandeln, zum Beispiel Blei in Gold.*

Dass das Seelisch-mystische als »das Eigentliche« der alchimistischen Kunst angesehen wurde und nicht das Chemische ist nicht richtig, denn für die Alchimisten von damals waren die beiden Bereiche nicht getrennt. Sie wollten tatsächlich Gold herstellen. Das »Periodensystem der Elemente« und deren chemische Unwandelbarkeit kannten sie noch nicht. Viele von ihnen glaubten an die Analogie zwischen Äußerem und Inneren, dass sie etwa erst dann Blei in Gold würden verwandeln können, wenn ihre Seele dazu reif sei.

Altered states of consciousness *sind Bewusstseinszustände, in die man durch schamanische Techniken gelangt. Sie heben einen über das normale Alltagsbewusstsein hinaus.*

»Altered« heißt einfach »verändert«. Solche Bewussteinsveränderungen können einen ebenso unter das normale Alltagsbewusstsein absenken wie darüber hinaus erheben. So wie man im LSD-Rausch nicht nur die kosmische Einheit erleben kann, sondern auch einen Horrortrip, so kann auch eine schamanische Reise einen zum Rächer und Zerstörer machen, nicht bloß zum Heiler und Heiligen.

Altern. *Du bist nur so alt, wie du dich fühlst.*

Ist das Esoterik? Oder bloß eine ganz normale Schmeichelei, die man einem alternden Menschen schenkt, damit er sich gut fühlt? Tatsächlich behaupten einige Esoteriker – so etwa Leonard Orr, der Erfinder des Rebirthing – wir Menschen würden nur deshalb altern und sterben, weil wir glauben, das sei unausweichlich. Wären wir stark genug, an ein ewiges physisches (!) Leben zu glauben, dann würden wir nicht sterben. Bisher hat allerdings noch kein Mensch den Glauben an ein körperliches Sterben durch sein Beispiel widerlegen können. Bisher! Leonard Orr, Jahrgang 1938, ist immerhin noch am Leben. Wir bleiben hoffnungsvoll.

Alt/neu. *Das Alte ist gut, je älter desto besser. Das Neue ist gut, je neuer desto besser.*

Schwierig. Wie bekommt man beides unter einen Hut? Esoteriker sprechen gern von uralten Traditionen und Heilmethoden oder einem Wissen, das auf die Kontinente Atlantis und Lemuria zurückgeht. Da bekommt man den Eindruck, das Alte sei gut, je älter desto besser. Dann aber sprechen sie von »neuem Denken«, dem »Neuen Zeitalter«, dem Wassermannzeitalter, welches das Fischezeitalter ablöst, und dass das dualistische Denken veraltet sei. Ja, was nun: Ist das Alte gut oder das Neue? Offenbar ist es mal so und mal anders. Dann ist es wohl besser, die Verherrlichung des ganz Alten und des ganz Neuen einfach wegzulassen und nur davon zu sprechen, was man gut findet und was nicht.

Amulette *beschützen ihre Träger auf magische Weise vor negativen Einflüssen.*

Amulette beschützen nur den, der an diesen Schutz glaubt. Man kann diese Art des Schutzes durchaus als »magisch« bezeichnen, denn Glaube wirkt magisch. Alle Religionen und die meisten esoterischen Richtungen kennen solche Schutzzauber. Eine besondere Art des Schutzzaubers ist die Reliquie, wie sie im Katholizismus, im orthodoxen Christentum und im Buddhismus weit verbreitet ist. Die heidnische Antike glaubte übrigens nicht an die Zauberkraft von Reliquien, sie war in der Hinsicht weniger esoterisch als das Christentum: Für die Menschen der europäischen Antike galten Körperteile Verstorbener generell als unrein, egal wie fromm oder heilig die Verstorbenen waren.
→ ***Glaube***

Anderswelt. *Durch schamanische Techniken wie Drogen, Trommeln, Singsang und besondere Riten an Kraftplätzen kann sich der Suchende auf eine »schamanische Reise« begeben, die ihn in die Anderswelt führt. Diese wirkt in mächtiger Weise auf die Normalwelt ein.*

Ob diese schamanische Anderswelt wirklich existiert oder nur eine Traumwelt ist, eine Halluzination oder Einbildung ist eine Frage der Weltanschauung. Esoteriker neigen dazu, sie für real zu halten. Sie erzählen hierzu gern die folgende Geschichte aus dem alten, taoistischen China: Chuang Tse wachte eines Tages auf, nachdem er geträumt hatte, er sei ein

Schmetterling; nun war er verwirrt, denn es könne doch sein, sagte er sich, dass er ein Schmetterling ist, der träumt, er sei Chuang Tse. Viele Esoteriker halten die Anderswelt sogar für realer als die sinnlich wahrnehmbare. Philosophisch gesehen ist es jedoch müßig darüber nachzudenken, wie viel Realität wir den verschiedenen Welten zugestehen, die wir aus unseren verschiedenen Bewusstseinszuständen heraus wahrnehmen. Die unideologischere, pragmatischere Herangehensweise ist die, das Weltmodell zu bevorzugen, das imstande ist, die meisten Phänomene zu erklären, und das ist auch die Vorgehensweise der Wissenschaft.

Analogie. *Das Gesetz der Analogie sagt: wie oben, so unten, wie innen so außen. Mikrokosmos und Makrokosmos entsprechen einander.*

Durch die Sinnesorgane und den rezipierenden, sowie den verarbeitenden Teil unseres Gehirns ist unser Wahrnehmungsapparat begrenzt und kann nur ganz bestimmte Phänomene und Strukturen wahrnehmen. Deshalb nehmen wir innen wie außen, unten wie oben, im Kleinen wie im Großen Ähnliches wahr. Der Grund für diese Ähnlichkeit liegt aber nicht außen, sondern innen, im Subjekt. Ein Fischer, der immer nur mit einem Netz der Maschenweite fünf Zentimeter auf Fischfang geht, wird die Überzeugung gewinnen, dass es keine kleineren Fische gibt, und er wird sagen: Überall in den Weltmeeren, in den kleinen Buchten wie auf hoher See, überall ist die Mindestgröße von Fischen fünf Zentimeter. Deshalb finden wir bei den Atomkernen und im Weltall Ähnliches vor (z. B. im Verhältnis von Leerraum zu Materie), aber diese Ähnlichkeiten beruhen auf unserer Wahrnehmung, nicht auf einem die (Außen)Welt regierenden Gesetz

der Analogie. Auf einer besonderen Art von Analogieprinzip basiert auch die Homöopathie.
→ ***Homöopathie***

Anhaftung. *Wahre Spiritualität zeigt sich in der Fähigkeit, ohne Anhaftung zu sein.*

Nur die letzte, absolute Freiheit verzichtet auf jegliches Anhaften. Unterwegs auf dem menschlichen Weg der Reifung, sei er nun religiös, esoterisch oder spirituell, ist Anhaften in vielen Fällen gut – entscheidend ist, an was man da jeweils »haftet«. Zum Beispiel ist das Anhaften an ethischen Prinzipien etwas Gutes und durchaus spirituell zu nennen.

Anthroposophie *ist die esoterische Lehre, die hinter den Waldorfschulen steht.*

Der ehemalige Theosoph Rudolf Steiner (1861–1925) begründete die Anthroposophie, die sich bis heute noch stark auf ihren Begründer bezieht, viel mehr als etwa der Kommunismus auf Marx oder das Christentum auf Jesus. Rudolf Steiners Lehre ist zweifellos eine esoterische. Obwohl die heutigen Waldorfschulen im Vergleich zu den staatlichen Schulen die musischen Fächer gegenüber den wissenschaftlichen bevorzugen und den Menschen eher als Ganzheit aus Körper und Geist ansehen, wäre es abwegig, sie schon deshalb als esoterisch zu bezeichnen.

Astrologie. *Die Sterne haben viel Macht über unser Schicksal. Insbesondere zeigt das Geburtshoroskop die Grundlinien unseres Charakters. Was wir dann daraus machen, ist unsere Sache.*

Astrologie ist die bei uns in Deutschland, Europa und – in regionalen Varianten – weltweit meist verbreitete esoterische Lehre. Zum Standardangebot der Astrologen gehört das Geburtshoroskop und darin die Einordnung gemäß dem Sonnenstand zum Zeitpunkt der Geburt in ein »Sternzeichen«. Zunächst einmal bestimmen gemäß der normalen Astrologie nicht »die Sterne« unser Schicksal, sondern die Planeten der Erde bestimmen es. Aber auch diese Einwirkung (oder gar »Bestimmung«) ist höchst zweifelhaft. Bereits die Typeneinordnung durch das Geburtshoroskop beruht auf einem astrologischen Irrtum (der Präzession der Erdachse), und selbst ohne diesen Berechnungsfehler (den man mit einiger Eloquenz ignorieren kann) hat noch keine seriöse Untersuchung mit ausreichender statistischer Signifikanz eine Häufung von Eigenschaften bei den astrologischen Grundtypen finden können, von den speziellen Aussagen der Astrologie mal abgesehen. Das Interessanteste und potenziell Wertvollste an der Astrologie ist das subtile und facettenreiche Menschenbild, das sie anbietet. Noch keine der modernen, wissenschaftlich begründeten Typenlehren hat diese Komplexität erreicht. Wenn es doch nur wahr wäre! Es ist aber nicht real im faktischen Sinne, sondern allenfalls so wahr wie die Fiktionen unserer Künste, Mythen und Legenden: Anregung zum Nachdenken, Erkennen und Sich-Identifizieren, aber nicht substanzieller oder dauerhafter als ein Bild, das mit dem Stock auf der Wasseroberfläche gezeichnet wurde.

Atlantis *ist der Kontinent, der vor einigen tausend Jahren bei einer Naturkatastrophe im Atlantik versank. Dort lebte eine spirituell hoch entwickelte Kultur. Das Wissen dieser Kultur wurde allerdings von einigen dazu Berufenen bewahrt, die es als Ge-*

heimlehre weitergaben. Viele der heute lebenden Esoteriker sind Reinkarnationen von Atlantern.

Die in den Platon-Dialogen »Timaios« und »Kritias« beschriebene, kontinentgroße Insel Atlantis ist nur ein Mythos, keine historische Realität. Es gibt keine geografischen oder geologischen Hinweise darauf, dass in Zeiten menschlicher Kultur ein solche Insel oder gar ein Kontinent existiert hätte. In der antiken Dichtkunst ist es üblich, zwischen Mythos und Realität nicht deutlich zu unterscheiden.

Aufgestiegene Meister *sind körperlose Wesen, die einmal Menschen waren und nach ihrer Erleuchtung in einen speziellen Himmel aufgestiegen sind, wo sie dann für die noch unerleuchteten Seelen zur Verfügung stehen, um auch sie zu erleuchten. Unter diesen noch Unerleuchteten wiederum gibt es Medien. Das sind Menschen, die die Fähigkeit haben, erleuchtete Meister zu channeln.*

Wer mit der Esoterik fremdelt, wird es hier besonders schwer haben. Der Kult um diese für den Normalbürger nicht wahrnehmbaren Wesen gehört zur Hardcore-Esoterik und hat sein ganz eigenes Vokabular. Zum Kult um diese Wesen gehören nicht nur die Channelmedien, sondern auch Accessoires wie die Lichtwesenessenzen. Das sind Blütenessenzen, deren Zweck es ist, den göttlichen Funken in uns zu wecken und die Schwingung zu erhöhen, was auch immer das heißen mag. Der Handel damit floriert jedenfalls. Unter den drei Gruppen von Lichtwesenessenzen gibt es die »Meisteressenzen«, die »die Energie der aufgestiegenen Meister« enthalten. Sie seien imstande, dem Einnehmenden zu helfen, heißt es, weil die Meister das irdische Leben ja aus eigener Erfahrung kennen und deshalb »bei der praktischen Umsetzung unse-

rer Ziele und Fähigkeiten im Alltag helfen«. Sage da noch einer, Esoterik sei nicht alltagsrelevant!
→ *Channeling*

Aufstellungen *(auch »Familienstellen« oder »systemische Aufstellungen« genannt) sind eine diagnostische und therapeutische Methode, bei der Menschen als Stellvertreter für andere Menschen oder deren Themen »aufgestellt« werden. Die so Aufgestellten können dabei aufgrund ihrer Wahrnehmung des Feldes, in dem sie stehen, die Essenz eines Problems erkennen und es lösen.*

Aufstellungen können bei sensibel agierenden Teilnehmern tatsächlich eine Diagnose ermöglichen. Es darf jedoch bezweifelt werden, ob dabei tatsächlich ein »Feld« existiert, dass erkannt werden und therapeutisch wirken kann oder ob das nur eine metaphorische Sprechweise ist. Ein solches Feld ist bisher auch mit den feinsten Instrumenten noch nicht gemessen worden, und es könnte gut sein, dass es nur in den Köpfen der Teilnehmer existiert. Deren Köpfe und kollektive Interaktion sind jedenfalls komplex und mächtig genug, um die beobachteten Phänomene auch ohne die Existenz eines solchen Feldes erklären zu können. Wenn man den Begriff des Feldes hier nicht wie in der Physik als magnetisches oder elektrisches Feld versteht, sondern als literarische Metapher, stehen die Beobachtungen der systemischen Aufstellungen in keinerlei Widerspruch zu den Erkenntnissen der Wissenschaft.

Aufstieg → *Höheres und Niederes*

Das **Aufwachen** *ist das höchste und im Grunde einzige spirituelle Ziel.*

Es gibt viele spirituelle Ziele, und deren Bewertung variiert je nach angewandter Moral bzw. dem ethischen Vorgehen. Das Aufwachen als Synonym für das Erlangen höchstmöglicher Erkenntnis ist tatsächlich das höchste Ziel vieler spiritueller Wege, aber nicht das einzige. Fast alle spirituellen und esoterischen Wege haben auch eine Moral und bewerten das menschliche Verhalten je nachdem als gut oder schlecht, auch wenn sie gern betonen, sich »eigentlich« jenseits von Gut und Böse zu bewegen.

→ ***Bewusstsein***

Aura. *Jeder Mensch hat eine* ***Aura.*** *Wer dafür sensibel ist, kann sie sehen.*

Schon die griechische und römische Antike kennt den Heiligenschein, damals (lat.) Nimbus genannt, der sich in der europäischen Kunst bis in den Gegenwart hinzieht. Heute wird er fast nur noch auf Devotionalienpostkarten verwendet. Esoteriker hingegen sprechen bis heute gern von einem sichtbaren Energiekörper, der Aura, die sich sogar per Kirlianfotografie (hochfrequentierte Hochspannungsfotografie) darstellen lasse. Da sich aber mit Fotos leicht tricksen lässt, wird diese Darstellbarkeit auch von Esoterikern vielfach in Frage gestellt. Der Film »Die Prophezeiungen von Celestine« beispielsweise spielt jedoch erneut mit einer visuellen Darstellung der Aura und weckt damit neuen Glauben an eine Sichtbarkeit, die nicht bloß eingebildet ist. Leider wird diese Aura von Menschen, die nicht daran glauben, auch nicht gesehen. Sind diese unsensibel?

Aurasoma *ist eine ganzheitliche Seelentherapie, in der sich die heilenden Schwingungen von Farben, Kristallen und natürlichen Düften mit dem Licht verbinden, um Körper, Geist und Seele des Menschen zu harmonisieren.*

Die Therapie mit den bunten Aurasoma-Fläschchen wurde in den 80er-Jahren von der Engländerin Vicky Wall erfunden. Jahrelang war und blieb Aurasoma eine der beliebtesten esoterischen Therapien. Kaum ein Esoterikladen konnte auf ein Regal mit den schönen bunten Fläschchen verzichten, jedes zweifarbig, oben die ölige, unten die wässrige Substanz. Die Therapie laut lichtinfo.net: »Man sucht sich aus den 95 Balance-Ölen vier Flaschen aus, die einem auf irgendeine Art besonders zusagen. Die erste Flasche, die man sich ausgesucht hat, zeigt die Lebensaufgabe an. Es ist das Ziel, mit dem man sich inkarniert hat. Die zweite Flasche zeigt die größten Schwierigkeiten und, wenn man daran gearbeitet hat, das größte Geschenk, das man bekommen kann, wenn man die Schwierigkeiten überwunden hat. Die dritte Flasche zeigt an, wie weit man bisher auf dem Weg gekommen ist. Die vierte Flasche ist ein Blick zu den Zukunftsperspektiven.« So weit, so gut. Eigentlich braucht man für diese vier Schritte die Fläschchen nicht, aber – ähnlich den Tarotkarten: Sie schaden auch nicht. Es sei denn, man nimmt diese Bedeutungszuweisungen für mehr als ein Spiel. Wenn man bei Schritt eins etwa eine Lebensaufgabe zugewiesen bekommt, die einem gar nicht zusagt und man quält sich mit ihr dann jahrelang herum. Oder man bekommt bei Schritt zwei Schwierigkeiten zugewiesen, die sich dann als *self fulfilling prophecy* auch tatsächlich manifestieren: Dann ist das ein Leiden, das man sich ersparen kann, indem man auf diese Fläschchen verzichtet. Andererseits kann es auch gut gehen: Identitätshungrige bekommen hier eine Aufgabe zugewie-

sen, an der sie sich abarbeiten können, und die Philosophie dahinter will immerhin zur »Kommunikation des Herzens« finden und etwas Gutes tun »für die Erde und die Zukunft der Menschheit« (Zitate von lichtinfo.net).
→ ***Worte***

Die **Außenwelt** *ist nur eine Projektion der jeweiligen Innenwelt auf eine leere Leinwand. Die Welt ist das, was du dir erschaffst, sie ist eine Schöpfung, eine Kreation, eine Projektion.*

Das ist die Sicht des philosophischen Idealismus, nur ein wenig überspitzt ausgedrückt. Sie ist in der Esoterik sehr populär, auch als Ausrede. Zum Beispiel kann man, wenn man in einen Konflikt gerät, seinem Gegner einfach vorwerfen, er habe projiziert; was er da sehe, das gäbe es ja gar nicht, es sei nur seine nach außen projizierte Innenwelt. Bemerkenswert ist auch die dann oft folgende Versöhnung: Da einigt man sich dann darauf (Esoteriker sind ja sehr versöhnlich), dass jeder seine eigene Welt hinaus projiziert habe, also jeder als Monade in seiner eigenen, illusionären Welt (indisch: Maya) lebe. Friede, Freude … Versöhnung. Aber das Konflikt auslösende Problem ist damit noch nicht gelöst, ja nicht einmal wirklich angesprochen.
→ ***selektive Wahrnehmung***

Außersinnliche Wahrnehmung *ist eine Fähigkeit, die allen hoch entwickelten spirituellen Menschen eigen ist. Sie sind imstande, außersinnliche Botschaften sowohl zu empfangen als auch zu senden. Die sinnliche Kommunikation ist nur eine Art der Kommunikation, und zwar eine niedrige – auch Tiere kommunizieren sinnlich.*

Keine Kommunikation kann auf die Sinne verzichten. Die so genannte »außersinnliche« Wahrnehmung ist ein Mythos, der von der Fähigkeit genährt wird, gut zu spekulieren. Diese durchaus schätzenswerte und trainierbare Fähigkeit des Menschen erzielt immerhin oft genug Treffer, um diesen Mythos am Leben zu erhalten.

Authentizität. *Die Welt ist voller Heuchelei, insbesondere bei den religiösen und politischen Institutionen. Esoteriker sind authentischer.*

In der Regel hält jeder Mensch sich selbst für authentisch, andere Menschen nur für mehr oder weniger authentisch. Je ähnlicher die Lebensart eines anderen der meinen ist, umso größere Chancen hat er oder sie, von mir für authentisch gehalten zu werden. Wer mich für unauthentisch hält, versteht mich nicht. Wer mich für authentisch hält, ist mir sehr sympathisch. Ist das nicht alles ein bisschen unlogisch? »Authentisch« ist jedenfalls ein Lieblingswort der spirituell-esoterischen Szene. Wenn wir allerdings nur die uns sympathischen Menschen als authentisch bezeichnen, dann wäre es doch besser statt »... ist authentisch« einfach zu sagen »... ist mir sympathisch«.

Ein **Avatar** *ist eine Inkarnation Gottes oder des Göttlichen. So jemand wie (im Hinduismus) Krishna oder der heute lebende indische Guru, Sathya Sai Baba.*

Alles und jeder von uns ist irgendwie eine Inkarnation Gottes. Wenn Gott Adam nach seinem Bild erschaffen hat, dann müssen wir gottähnlich sein – auch die Evas. In der indischen religiösen Philosophie wird das noch konkreter verstanden: Bestimmte Gestalten, Avatare genannt, kommen ab und zu (laut Bhagavad Gita »immer, wenn die Frömmigkeit hinschwinden will«) auf die Erde. Die eher mythischen Figuren Rama und Krishna sind solche Avatare, aber auch heutige Heilige und Gurus werden als solche verstanden. Im Falle von Sathya Sai Baba aber scheint es so zu sein, dass seine Reputation als Avatar es ihm ermöglicht hat, Minderjährige sexuell zu missbrauchen, und vermutlich hat er auch mit seinen »Materialisationen« von Uhren und heiliger Asche getrickst, um Gläubige zu beeindrucken. Es ist also nicht alles göttlich, was so heißt. Es sei denn, man versteht alles als göttlich.

Ayahuasca *ist eine südamerikanische Dschungelliane. Daraus wissen dortige Schamanen einen Trank zu bereiten, der es den ihn Einnehmenden ermöglicht, Geister zu sehen, zu heilen und mit Gott zu kommunizieren.*

Die Berichte derer, die Ayahuasca eingenommen haben, sind beeindruckend, ähnlich wie die derer, die von einem LSD-Trip zurückkommen und von Reisen mit anderen psychogenen Substanzen. Neuerdings werden diese Substanzen von Wissenschaftlern »entheogen« genannt, weil sie (Theo: Gott) Gotteserfahrungen provozieren. Wenn diese Substanzen so wie Ayahuasca aus der Natur stammen, werden sie auch »Lehrerpflanzen« genannt, weil man auf diesen Trips so viel lernen kann. Wie real das ist, was man auf einem solchen Trip sieht und erlebt, ist eine andere Frage.
→ ***Anderswelt***

B

Bachblüten → ***Blütenessenzen***

Bauchgefühl. *Spirituelle Menschen entscheiden nicht vom Kopf her, sondern aus dem Bauch heraus.*

Die Neurophysiologie hat zwar herausgefunden, dass ein wichtiger, auch steuernder Teil unseres Nervensystems sich nicht unter dem Schädel befindet, sondern an den Nervenknoten auf der Höhe der Bauchwirbelsäule. Diese »denken« aber nicht mehr als die Hirnrinde es tut, eher weniger. Mit einem Denken aus dem Bauch heraus ist Intuition gemeint.
→ ***Herz*** → ***Intuition***

Berührung. *Esoterische oder therapeutische Praktiken sind gut, wenn sie berühren.*

»Das hat mich wahnsinnig tief berührt.« Berühren ist in der Esoterikszene ein Allerweltswort, mit dem man sich um eine Bewertung herumdrückt. Auch Schmerz berührt. Wenn eine Heuchelei mich wütend macht, bin ich davon berührt, und doch ist ein Auftritt oder eine Methode, die mich in dieser Hinsicht berührt, nicht willkommen. Für einen gefühllosen Menschen ist es sicherlich gut, wieder einmal etwas zu spüren, das heißt seelisch oder körperlich berührt zu werden. Aber diese Berührung sollte kein Angriff, Schock oder Schlag sein, sondern besser eine sanfte, liebevolle Berührung.

Durch **Besprechen** *von Wunden kann man sie heilen.*

Ja, wenn die Bereitschaft, an eine Heilung zu glauben, sich durch die Worte des sie Besprechenden wecken lässt. Sprache fasziniert! Aber sie wirkt über den Geist des Zuhörenden (oder auch Lesenden) und von dort auf die Wunde. Sie wirkt nicht direkt auf die Wunde, und wenn der Geist des Verwundeten ohnehin an die Heilung glaubt, dann sind die Worte überflüssig.

Bewertung → *Ethik*

Bewusstsein *ist gut, Unbewusstheit schlecht.*

Auch das gilt nicht uneingeschränkt. Im Schlaf sind wir normalerweise unbewusst, das trägt zu unserer Gesundheit bei. Aber auch im normalen Wachzustand kann Unbewusstheit sehr anmutig sein, und schon so manche instinktive Reaktion hat – ungestört vom Bewusstsein – Leben retten können, wo ein bewusstes Vorgehen mit seiner Schwerfälligkeit versagt hätte.

Blütenessenzen *sind magisch wirkende Heilmittel, die aus Blütenextrakten gewonnen werden. Dazu gehören die nach dem britischen Arzt Eward Bach benannten Bachblüten. Sie haben enorme Heilkraft, da die Blüte das Höchste einer Pflanze ist. So halten die Bachblütenessenzen für 38 verschiedene negative Seelenzustände das jeweils richtige Mittel zur Harmonisierung bereit. Ein 39. Mittel, das »Rescue Remedy« (Notfalltropfen), ist ein Komplexmittel, das in jeder Situation seelische Erholung bewirkt.*

Edward Bach wählte die Blüten »intuitiv« aus, indem er nach denen griff, die ihm »positive, archetypischer Seelenzustände« zu verkörpern schienen. Das Ergebnis sind Blütenessenzen, die wieder nur bei denen wirken, die an sie glauben. Oder vielleicht noch bei denen, die glauben, dass sie auch bei denen wirken, die nicht daran glauben. Bei den anderen nicht. Schade. Denn die Namen sind hübsch, die Blüten auch, und in der einschlägigen Literatur sind keine Nebenwirkungen bekannt. Durch die »Potenzierung« genannte Verdünnung der Essenzen (nach Bach 1:240) ähneln diese Blütenessenzen homöopathischen Mitteln; die Theorie der Wirkung basiert hier jedoch nicht auf dem Ähnlichkeitsprinzip. Außer den Bachblütenessenzen gibt es noch viele andere Blütenessenzen, die unter Esoterikern Hochachtung genießen.

Buddhanatur *ist das, was wir alle im Innersten besitzen.*

Wenn jeder von uns – wie verborgen und latent auch immer – ein Buddha ist, dann erübrigt es sich fast, das zu sagen. Es ist ja auch jeder von uns, physisch gesehen, aus Atomen und Molekülen aufgebaut. Na und? Allenfalls kann dieser Spruch einen Menschen daran erinnern, dass er Weisheit erlangen kann.

Der Buddhismus *ist eine pessimistische Weltanschauung, weil er das Leben als Leiden betrachtet.*

Nein, der Buddhismus benennt das Leiden zwar und beschreibt es als zentral und fast unvermeidlich, aber er nennt auch einen Ausweg aus dem Leiden und zwar den »achtfachen Pfad« des richtigen Handelns, Sprechens und Denkens. Insofern ist er sowohl realistisch als auch optimistisch.
→ ***Leiden*** → ***Spielen***

C

Chakren *sind Energieknotenpunkte, die sich entlang der Wirbelsäule ziehen. Die spirituelle Entwicklung des Menschen verläuft entlang dieser Chakren vom Niederen zum Höheren. Der vollkommen entwickelte Mensch hat alle sieben Chakren geöffnet, er ist erleuchtet.*

Diese Energieknotenpunkte sind nur metaphorisch zu verstehen. So hat etwa die Kommunikationsfähigkeit (das fünfte Chakra) kaum etwas mit der Schilddrüse zu tun. Wer eine Schilddrüsendysfunktion durch ein Kommunikationstraining zu heilen versucht, stößt dabei, vorsichtig ausgedrückt, an gewisse Grenzen. Versteht man diese Zuordnungen allerdings als Metaphern, so wie das indianische Medizinrad den Himmelsrichtungen Eigenschaften oder die Traditionelle Chinesischen Medizin (TCM) solche den Organen des Körpers zuordnet, dann kann das helfen, sich zu erinnern, wie wichtig es ist, im Körper vollständig zu werden. Denn von den Organen ist keines überflüssig und auch von den Himmelsrichtungen ist keine entbehrlich.

Channeln *ist eine Methode, aus dem Jenseits Botschaften zu erhalten. Sie haben den großen Vorteil, dass sie unverzerrt von den Wahrnehmungs-Beschränkungen des Egos die Welt so darstellen, wie sie ist.*

Durch Channeln kann man tatsächlich Botschaften von außerhalb des eigenen Egos erhalten, aber es gibt keinen

Grund, warum die richtiger oder wahrer sein sollen als die Weisheit oder das Wissen eines Alltags-Egos. Auch die in unseren Psychiatrien Internierten »hören Stimmen« und sind davon überzeugt, dass diese von außerhalb ihres Ichs kommen. Das bisher erfolgreichste Channeling ist das, was der aus Mekka stammende arabische Schafhirte Mohammed in den Jahren 610 bis 632 empfing. Der Überlieferung nach ausgehend von einer Engelsgestalt namens Gabriel, die ihm, zunächst sogar mit Gewalt, die Suren des Koran diktiert habe.

Charisma *ist eine mysteriöse Ausstrahlung, die die einen haben und die anderen nicht. Ähnlich den medialen Fähigkeiten wie etwa Channeln, Wahrsagen, Telepathie oder das Heilen durch Handauflegen, ist auch das Charisma etwas Angeborenes. Trainieren lässt es sich kaum.*

Charisma ist nicht die Eigenschaft einer Person, sondern eines Kommunikationsvorgangs von mindestens zwei Personen. Es braucht dazu immer einen Faszinierenden und einen Faszinierten. Ohne Faszinierte gibt es kein Charisma, so wie es auch ohne Volk keinen (politischen) Anführer gibt. So ähnlich kann man auch das Wahrsagen und viele andere Phänomene der Esoterik betrachten: Es sind Kommunikationsvorgänge. Wenn eine Wahrsagerin einer Kundin voraussagt, dass sie gesundet, Wohlstand erreicht oder ihren Seelenpartner findet, und diese glaubt das, kann man das in gewisser Hinsicht als gelungene charismatische Kommunikation betrachten. Die Chancen, dass das so Prophezeite eintritt, erhöhen sich durch den Glauben der Empfängerin gewaltig. Wenn dann auch noch die entsprechende selektive Wahrnehmung gelingt, erfüllt sich die Prophezeiung. Sie ist

dann also eine *self fullfilling prophecy*, eine sich selbst erfüllende Prophezeiung.
→ ***selektive Wahrnehmung*** → ***Wahrsagen***

Christusbewusstsein *zu erreichen ist unsere Lebensaufgabe.*

Der Versuch einiger Esoteriker, den akzeptablen Kern der christlichen Lehre mit den Grundgedanken des NewAge und der Esoterik zu verbinden, führte zur Verkündung des »Christusbewusstsein«. Damit meinen sie einen »Seinszustand, wo man nicht mehr verurteilt und bewertet, wo man voll im Jetzt lebt«. Den erreicht man zum Beispiel, indem man das Wort »Liebe« vor sich hersagt, so wie die Hindu »Rama, Rama« murmeln, um auf diese Weise negative Gefühle auszuschalten. Ähnlich wie bei der Tranzendentalen Meditation kann das in eine leichte, angenehme Trance führen, die aber einer stärkeren Konfrontation meist nicht standhält. Außerdem zeigen sich die auf diese Weise unterdrückten Regungen dann in den umgebenden Systemen (z. B. dem Familiensystem, etwa bei den eigenen Kindern) oder auch bei häufig vorkommenden seelischen Krisen.

D

Durch **Dankbarkeit** *sind wir imstande, das, was uns zustößt, als Geschenk zu empfinden. Diese Haltung ist der Schlüssel zum Glück.*

Dankbarkeit ist eine wichtige Tugend, aber sie kann auch in Unterwürfigkeit kippen und als Ausrede dienen, um unnötiges Elend und Trägheit zu rechtfertigen. Wie bei allen Tugenden ist auch hier das richtige Maß entscheidend. Esoteriker übertreiben diese Tugend gern ein bisschen. So sprechen sie, wenn ihnen etwas Schlimmes zugestoßen ist, von einer Lernerfahrung, die ihnen »geschenkt« wurde.

Darshan *ist das Sehen des Göttlichen, das einem Schüler bei der Begegnung mit seinem Guru widerfährt.*

Es kommt darauf an, ob der Schüler dazu bereit ist. Und wenn er dazu bereit ist, kann er das Göttliche überall sehen. Soll der Guru dafür der Katalysator sein? Theoretisch ja. Praktisch aber bleibt der Schüler im typischen Fall mehr oder weniger lang am Guru hängen, was diesem ja nützt und oft auch gefällt. So kann der Katalysator auch ein Hindernis sein. Deshalb heißt ein alter, aufmüpfiger Spruch aus dem Zen-Buddhismus: Triffst du Buddha unterwegs, töte ihn! Natürlich nicht den Menschen, sondern die Idee der Erleuchtung und der falschen Verehrung und das Bedürfnis, den oder das Verehrte auf einen Sockel zu stellen.

Delphine *sind hochintelligente spirituelle Wesen, die uns Menschen in vielem voraus sind.*

Delphine sind soziale Tiere, das stimmt. Deshalb ist ihre Kommunikation mit anderen Delphinen komplexer, und sie zeigen dabei auch altruistisches Verhalten, ähnlich den ebenfalls in Rudeln lebenden Wölfen oder Hyänen. Sie sind aber nicht spiritueller als etwa die in Rudeln von 60 bis 80 Tieren lebenden Fleckenhyänen. Dass wir den Koalabären als »süßer« empfinden als die Blindschleiche, hat mit uns Menschen zu tun, nicht mit dem Koalabären, und so ist es auch mit dem bei Delphinen vermuteten Humor und deren Spiritualität.

Diksha *ist eine in Indien wurzelnde Form der Energieübertragung, in der – wenn der Empfänger dafür offen und der Diksha-Gebende ein Eingeweihter, Erleuchteter ist – sogar die vollkommene spirituelle Erleuchtung übertragen werden kann.*

Seit Anfang 2000 grassiert bei uns die Diksha-Bewegung. Sie geht von einem Sri Kalki Bhagavan genannten Inder und seiner Frau Amma aus, die in einem Vorort der südindischen Großstadt Chennai residieren – an einem Ort, der Golden City genannt wird. Sie wollen 64.000 Menschen erleuchten, dann würde das Goldene Zeitalter anbrechen, sagen sie. Tatsächlich ist diese Energieübertragung nichts anderes als ein stilles Auflegen der Hände von einer dafür als befugt bezeichneten Person, ähnlich dem Reiki. Nur hier kostet der Kurs mehr, der einen dazu befugt, solche Energieübertragungen zu geben.

DNS. *Einige spirituelle Erfahrungen gehen so tief, dass sie bei dem, der diese Erfahrung macht, die Erbinformation im Zellkern verändert. Die Kinder solcher Menschen haben dann auf ihrem spirituellen Weg einen viel besseren Ausgangspunkt, da sie über die DNS ihrer Eltern (oder eines Elternteilsl) bereits ein gewisses Maß an Erleuchtung mitbekommen haben.*

Keine Erfahrung verändert die DNS, auch keine spirituelle. Und wenn, wäre noch nicht klar, ob diese Veränderung eine positive ist.
→ ***Zellbewusstsein***

Dualismus. *Esoterik steht für das Wissen um die Einheit oder Ganzheit: Alles ist eins. Falsch ist das dualistische Verständnis der Welt als »entzweit«, das heißt als Kampfplatz sich auseinandersetzender Kräfte.*

Einheit ist schön; wir wollen ja nicht kämpfen, wir lieben den Frieden. Wie schade, dass in der Welt doch so viel gekämpft wird und: wie dumm. Denn wenn die Kämpfenden wüssten …, dann wüssten sie, dass alles eins ist und der Dualismus eine primitive, unentwickelte Weltanschauung. Diese Haltung, die sich gegen den Dualismus wendet, ist selbst dualistisch, denn sie erschafft eine neue Front, nun zwischen Einheitsbewusstsein und Dualismus. Wirklich heilsam und Frieden bringend ist nur eine Haltung, die auch den Dualismus akzeptiert und, wo nötig, sogar neue Fronten schafft, die alten überwindet, aber aus einem Bewusstsein des Ganzen heraus. Tatsächlich kämpfen in der Welt polare Kräfte miteinander, und sei es nur, weil wir – aus Gründen der immanenten Dramaturgie unserer Wahrnehmung – entsprechend parteiisch agieren.

Die **Dunkle Nacht der Seele** *ist der tiefste Punkt des seelischen Leidens, den jeder Adept durchmachen muss, bevor er das Licht sieht und die Erleuchtung ihm widerfährt.*

Es kann sein, dass es so kommt. Zur Dramaturgie der spirituellen Heldenreise würde das jedenfalls sehr gut passen: erst ganz dunkel, dann ganz hell; erst ganz tief und schlimm, dann ganz hoch und heilig. Manchmal aber kommt es auch ganz anders, da widerfährt uns Erkenntnis ohne großes Leiden. Viele kleine Ahas oder ein riesengroßes Aha, ohne dass es vorher dunkel wurde.

E

Edelsteine → ***Kristalle***

Das **Ego** *ist ein großes Unheil. Es ist der Kern der Ignoranz, die Wurzelillusion und die Basis von Gier und Aggression.*

Das Ego nicht als solches zu erkennen, ist ein großes Unheil. »Ego« ist das lateinische Wort für »Ich«. Damit ist die Ich-Identität gemeint, unsere Vorstellung, jemand Bestimmtes, Unverwechselbares, Wiedererkennbares zu sein. Nur wenn dieses Ich sich für separat/unabhängig und für unwandelbar hält, ist es eine Illusion mit vielfältigen, auch ethisch negativ zu bewertenden Folgen wie etwa Gier und Aggression.
→ ***Gier***

Einbildung. *Es gibt eingebildete und wahre Identitäten. Der spirituelle Weg ist ein Weg der Selbsterfahrung, auf dem man mit Geduld, Glaube und Konsequenz seine wahre Identität finden kann.*

Irrtum. Jede Identität ist eingebildet. Die Worte Bildung und Einbildung gehen beide auf den großen europäischen Mystiker Meister Eckhardt zurück, für den beide eine positive Bedeutung hatten. Im physischen Bereich ist meine Einbildung Grenzen unterworfen: Wenn ich mir einbilde, 2,50 m groß zu sein, ist das eine Täuschung. Es gibt jedoch einen Leerraum in meinem Selbstbewusstsein, der sich durch Einbildung füllen und erfüllen lässt, so wie eine sich selbst er-

füllende Prophezeiung. Wenn ich mir ohne Zweifel, Vorbehalte und Hintergedanken einbilde, mutig zu sein und vertrauensvoll, dann bin ich das auch.
→ ***Glaube***

Einfachheit. *Die Realität ist das, was einfach ist. Es ist nur unser Verstand (the mind), der alles kompliziert macht und uns wegführt von dem, was ist.*

Auch die spirituellen und esoterischen Subkulturen der Moderne haben ihre Romantiker. Für sie ist das Einfache gut, das Komplizierte schlecht. Das Landleben ist gut, das Leben in der Stadt schlecht. Auch zu viel Bildung ist schlecht, schon mittelmäßige Bildung verdächtig, gut sind ungebildete, einfache Leute. Und so haben auch nur sehr einfache Erklärungen Chancen, von einem solchen spirituellen Romantiker für wahr gehalten zu werden. Tatsächlich gibt es jedoch auch komplexe Vorgänge und Sachverhalte, die man nicht in einfacher Weise erklären kann, so sehr wir infoüberfluteten und schon tausendfach intellektuell überforderten Zeitgenossen uns das wünschen mögen. Und dann gibt es den Kult um die Darstellung des Seins, das *einfach ist.*
→ ***Sein***

Einheit/Ganzheit. *Alles ist eins.*

Ja, außer dort, wo wir differenzieren müssen. Dort gibt es dann vieles, und wir müssen lernen, zwischen diesem und jenem zu unterscheiden. Tun wir das nicht, verlieren wir uns im Einheitsbrei. Es ist zwar alles eins, aber nicht alles egal und auch nicht alles ein Brei.

Einzigartigkeit. *Du bist einzigartig, niemand gleicht dir.*

Es stimmt zwar, dass du einzigartig bist, aber dann sind es alle anderen auch. Darin jedenfalls gleichen sie dir. Das Wissen um die Einzigartigkeit wird gern als Rechtfertigung sowohl von Narzissmuss als auch von Größenwahn verwendet. Der Narziss gesteht die Einzigartigkeit nur sich selbst zu, und der Größenwahnsinnige sieht sich in seiner Subjektivität als Weltenherrscher, obwohl er doch allenfalls die Welten seiner (größenwahnsinnigen) Fantasie beherrscht – und genau genommen nicht einmal diese.

Ekstase *ist ein Zustand der Verzückung, in dem man sich als eins mit dem Universum erlebt. Man muss dazu das Ego transzendieren. Man kann diesen Zustand durch Drogen, Sex oder esoterische Rituale erreichen.*

Ekstase ist nicht immer Verzückung. Auch Verzweiflung kann zur Ekstase führen (von griech. ekstasis, außer sich sein). Das Heraustreten aus der normalen Alltagsidentität, ausgelöst durch z. B. psychedelische Substanzen, Sex, Tanz, Trommeln oder religiöse/esoterische Rituale kann jedoch höchste Verzückung bedeuten. Das Tückischste und Missverständlichste daran ist das »Heraustreten aus dem Ego«, das durch eine Befeindung der Ich-Identität nicht gut zu erreichen ist. Eine Befeindung des Egos führt eher in eine Psychose als in Ekstase. Transzendenz bedeutet nicht Ablehnen des Egos, nicht einmal ein gänzliches Ablegen dieses ungeliebten Gefängnisses, sondern ein Gewahrwerden der Ich-Identität. Solches Gewahrwerden macht die Ich-Identität transparent. Und eben dieses Durchscheinen ermöglicht eine Ekstase ohne Drogen und schließlich auch ohne Rituale als Auslöser.

Energie. *Spirituelle Menschen können Energien wahrnehmen und sehen, dass das Universum aus nichts als Energie besteht.*

So schwammig und diffus das Wort »Energie« unter Esoterikern ist, so beliebt ist es. Dass alles Energie ist, hat man bei Einstein gelernt. Man ist damit also sehr modern und eng mit der Wissenschaft verbunden. Das wendet man nun an auf Ahnungen, Gefühle, Spekulationen, die Verquickung von Traum und Wirklichkeit und das Einschmelzen aller Grenzen, mit dem Ergebnis, dass kaum ein Satz, in dem das Wort »Energie« vorkommt, wirklich richtig, aber auch keiner völlig falsch ist. Deshalb kann man sich solche Sätze auch sparen.

Energiearbeit *ist eine feinstoffliche Arbeit, die uns existentiell voranbringt.*

Was für ein Kondensat esoterischer Begriffe! Zunächst mal »Arbeit«: Alle in der Esoterik und den alternativen Therapien wollen arbeiten, warum nur? Ist ihnen die tägliche Maloche noch nicht Mühsal genug? Müssen sie diesen Geist auch noch in ihre Freizeit hineintragen? Dann »feinstofflich«: Alles, was die Esoteriker spüren, Naturwissenschaftler aber nicht messen können, ist »feinstofflich«. Dann »essentiell«: Es betrifft die Essenz, das Wesen des Menschen. Aber was ist das Wesen? Das ist wohl jenseits der Worte. Außerdem bringt die Arbeit damit uns voran, wie schön, das hilft bei der Entfaltung. Und die Energie? Ist alles, was wir spüren können.

→ *Energie* → *Entfaltung* → *Worte*

Energieausgleich. *Wo genommen wird, muss auch gegeben werden, das ist ein kosmisches Gesetz. Deshalb ist es wichtig, dass man, wenn man irgendwo etwas bekommt – insbesondere die höchste aller Gaben: Unterweisung oder Liebe von einem spirituellen Lehrer – ausgleicht, z. B. durch Geld oder andere Gegenleistungen.*

Das Geben von Geld ist in der normalen Gesellschaft ein heikles, emotional und ideologisch stark befrachtetes Thema, speziell auch unter Esoterikern. Hier aber gebraucht man, wenn etwas zu bezahlen ist, gern das Wort »Energieausgleich«. Man ist ja kein Materialist mehr und über den schnöden Mammon erhaben. Trotzdem brauchen auch Esoteriker für ihr tägliches Leben Geld, haben also für »Energieausgleich« zu sorgen und solchen auch zu beanspruchen. Also alles ganz normal. Der esoterische Irrtum besteht hier darin, dass man meint, durch diese Redeweise sich vom Materiellen, das man verachtet, abheben zu können. Und so ähnlich wie die Unterdrückung von Sex zu hässlich verdrehtem Verhalten führen kann, so ist es auch mit der Unterdrückung von Geld und den Anforderungen der Ökonomie.

→ ***Geld***

Energetisierung. *Viele Dinge des täglichen Gebrauchs lassen sich aufwerten durch Energetisierung, insbesondere das Lebenselement Wasser.*

Früher gab man bei uns die Dinge dem Pfarrer, um sie segnen zu lassen. In Afrika und in der Karibik machen das die Voodoo-Priester, und unter modernen Esoterikern wird »energetisiert«. Die Wirkung ist allerdings nicht messbar, und bei Befragung der Nutznießer der energetisierten Ge-

genstände ergeben sich Resultate, die mit denen von Placebos vergleichbar sind.
→ *Placebos*

Energiekörper → *Aura*

Engel *sind die Helfer des Menschen. Sie nicht wahrzunehmen oder nicht wahrhaben zu wollen ist ein großes Unglück.*

Nicht unbedingt, denn Engel sind Fiktionen. Es sind Vermenschlichungen helfender Strukturen und Energien außerhalb des Menschen oder Projektionen solcher in die Außenwelt, ähnlich den Göttern oder Geistern. Solche Energien können tatsächlich helfen! Ihre Vermenschlichung aber ist eine Illusion, die so ähnlich und ebenso populär ist wie die Vermenschlichung von Tieren in Geschichten wie etwa denen vom schlauen Fuchs Reineke, dem stolzen Adler und dem gerissenen Hai. Füchse aber sind nicht schlauer als Wölfe, Adler nicht stolzer als Tauben und Haie nicht gerissener als Forellen. Der Mensch aber hat das Bedürfnis, auch der Welt außerhalb von sich ein menschliches Gesicht zu geben.

Die Praxis des **Enlightenment intensive,** *bei der man sich tagelang gegenseitig fast ununterbrochen die Frage »Wer bist du?« stellt, ist eine Abkürzung zur Erleuchtung.*

Die Praxis der »Enlightenment intensive«-Seminare kann tatsächlich die Selbsterforschung intensivieren und zu Durchbrüchen in der Erkenntnis führen, wie sie im Zen als Satori (Erlebnis der Erleuchtung) bezeichnet werden. Allerdings kann die Erwartung der Erleuchtung, insbesondere

wenn damit ein Zustand erwünschter Glückseligkeit und Schmerzfreiheit assoziiert wird, zu Verspannungen führen, die eben solche Erkenntnisdurchbrüche verhindern. Vermeintliche Abkürzungen können sich dann als Umwege erweisen.
→ *Satori*

Entfaltung/Entwicklung. *Menschsein heißt, sich zu entfalten, zu entwickeln. Das Leben ist ein permanentes Wachsen, eine Evolution. Wer sich dem verweigert, verneint das Leben, Gott und die Natur.*

Esoteriker pflegen eine innige Freundschaft mit Begriffen wie Entwickeln, Entfalten, Wachsen; fast so innig wie die Wirtschaftspolitiker im Neoliberalismus mit dem Wachstum der Wirtschaft als anzubetendes Ziel, das niemand infrage stellen darf. Tatsächlich ist die Natur ein Werden und Vergehen, nicht nur ein Werden. Das Lebendige wächst zwar (in der Jugend, im Frühling), aber es schrumpft und zerfällt auch (im Herbst, im Alter, nach dem Tod). Der Fokus auf das Wachstum, das Größerwerden ist eine starke Beschränkung und setzt das Ausblenden der anderen Vorgänge voraus. Wer einen weiteren Blick auf die Natur wagt, sieht eher zyklische Vorgänge.

Entgiftung/Entschlackung. *Durch das Leben in der modernen Zivilisation sind wir voller Gift und Schlacken. Wenn wir die nicht ab und zu ausleiten und abführen, zum Beispiel durch Fasten, Darmreinigungskuren und die Ausleitung etwa von Quecksilber, das von Amalgamfüllungen in den Zähnen herrührt, werden wir chronisch krank.*

Irgendwie fühlt man sich immer ein bisschen schlecht. Geht es uns nicht allen so? Da sollten wir uns doch mal reinigen, psychisch und physisch, oder? Hierfür gibt es Fastenkuren und diverse esoterische Ausleitungs- und Entschlackungsmethoden. Tatsächlich leben die Menschen in den Ländern, in denen die westliche Schulmedizin vorherrscht, heute länger als in den Ländern, in denen Traditionelle Chinesische Medizin, Ayurveda, Schamanismus, Kräutermedizin und andere religiös oder esoterisch begründete Heilungsphilosophien Jahrtausende lang vorherrschten. Es gibt Zivilisationskrankheiten und Umweltgifte ohne Ende, außerdem essen wir tendenziell zu viel und bewegen uns zu wenig, und Naturkost ist besser als Junkfood – soweit klar. Trotzdem ist die westliche Medizin nicht zu verachten, und der Hang zum Entgiften oder Entschlacken kann auch damit zu tun haben, dass man sich irgendwie immer ein bisschen schlecht fühlt, vor allem dann, wenn man danach gefragt wird.

Entrückung. *Esoterische, mystische, spirituelle und tief religiöse Menschen sind imstande, sich von der Alltagsrealität in höhere Bewusstseinszustände zu begeben, das nennt man »Entrückung«. In diesen Zuständen sind sie Gott näher.*

Die von der Alltagsrealität »entrückten« Zustände sind Gott oder der Wahrheit nicht näher als andere Bewusstseinszustände. Sie sind einfach anders. Das kann Vor- oder Nachteile haben, sowohl was die Erkenntnis als auch die Tugend anbelangt. »Entrückte« können die Welt klarer sehen. Aber auch vernebelter, und sie können gut oder schlecht motiviert sein. »Entrückt« zu sein an sich ist noch keine positive Qualität.

Erdstrahlen. *Sensible Menschen schlafen oberhalb von Wasseradern schlecht, weil sie die davon ausgehenden Erdstrahlen spüren. Professionelle Rutengeher können solche Wasseradern feststellen und haben auf diese Weise schon vielen Menschen zu besserem Schlaf und besserer Gesundheit verholfen.*

Wissenschaftlich lassen sich keine Wasseradern und keine Erdstrahlen belegen, jedenfalls keine vom Menschen spürbaren. Die positive Wirkung, die oft von einer Verlegung des Schlafplatzes nach einer radiästhetischen Beratung (Rutengeher) auftritt, lässt sich durch den Placebo-Effekt erklären.
→ ***Placebo***

Erfahrung. *Von etwas zu hören oder zu lesen ist nichts: Man muss es erfahren – und zwar intensiv! – dann sind Heilung und Erlösung ganz nahe.*

Erfahrung ist einfach klasse, ohne sie geht in der Esoterik nichts. Wenn ich allerdings Depression, Apathie und endlos Selbstmitleid *erfahre*, hilft mir auch das nichts mehr. Dann habe ich wahrscheinlich zu viel schlechtes Karma.
→ ***Karma***

Vom Baum der **Erkenntnis** *zu essen entspricht gemäß dem biblischen Mythos dem Unterscheiden-Lernen. Damit verlässt der Mensch das Paradies des Unwissens und der Naivität. Nun muss er leiden. Erst wenn er das ewige Wissen (in der Hindu-Philosophie, den »Sanatana Dharma«) der Esoterik erfahren hat, verlässt er dieses irdische Jammertal des Dualismus wieder und erlangt Glückseligkeit.*

Glück – Unglück – Glück, das ist der mythische Dreischritt der Kulturgeschichte der Menschheit, auch der des individuellen Menschen auf seinem Weg der Reifung. Dass Esoterik hilft, vom Unglück des Wissens zum Glück der vollständigen Erkenntnis zu gelangen, ist allerdings ungefähr so falsch wie zu glauben, dass der christliche Katechismus den brav ihm Folgenden ins Himmelreich bringt. Leider besteht auch die Esoterik nur zu höchstens 10 % aus Weisheit und zu 90 % aus sehr zweifelhaftem Wissen.

Erleuchtung *ist das ultimative spirituelle Ziel, für das man alles andere fallen lassen sollte.*

Erleuchtung ist ein Zustand von Weisheit und Wachheit, den man auch mit höchster Strebsamkeit nicht willentlich erreichen kann. Seine Erreichbarkeit wird durch eben dieses Streben sogar behindert. Schon gar nicht sollte man »alles andere« dafür fallen lassen: Freunde, ethische Ziele, Wahrhaftigkeit und andere irdische Güter.

Erwachen → *Aufwachen*

Esoterik *ist das höhere religiös-philosophische Wissen, das früher Eingeweihten vorbehalten war und geheim gehalten wurde. Es ist nicht für die Massen gedacht und wird von diesen auch nicht verstanden.*

Zu einer Lehre, die etwas auf sich hält, gehört meist auch die Behauptung, von den Massen nicht verstanden zu werden. So bleibt man unter sich, in einem kleinen, elitären Kreis, rümpft über den Rest der Welt die Nase und behauptet, »höheres« Wissen zu besitzen. In der Hinsicht ist die Esoterik also nichts Besonderes, sondern so wie andere Religionen und Weltanschauungen auch. Im Falle der Esoterik ist der Widerspruch jedoch besonders krass zwischen der oft aggressiven, massenhaften Vermarktung der Einsichten und dem unter Insidern immer noch irgendwo schlummernden Anspruch, nur Eingeweihten sei dies zugänglich oder nur für solche verständlich.

Ethik *ist die Lehre vom richtigen Handeln und als solche für den Esoteriker, der sich jenseits von Gut und Böse bewegt, irrelevant.*

Als »Lehre vom richtigen Handeln« ist Ethik relevant für alle, auch für Esoteriker. Wer sich damit nicht beschäftigen will, verdrängt einen zentral wichtigen Teil des menschlichen Lebens aus dem Bewusstsein. Dass Erkenntnis von dem *was ist* im Gegensatz zu dem, *was zu tun ist* sich jenseits einer Beurteilung im Raster von gut oder schlecht, plus oder minus, erwünscht oder unerwünscht bewegen sollte, auch das ist richtig. Vorurteilsfrei zu erkennen und dann gut urteilend zu handeln, das wäre der richtige Weg – auch für fortgeschrittene Esoteriker.

Evolution → *Entfaltung/Entwicklung*

Experten *sind Fachleute, die sich in ihrem Bereich auskennen, deshalb kann man ihnen vertrauen. So gibt es auch in der Esoterik Experten etwa für das alte Ägypten, die Maya-Kultur, Nahtoderfahrungen oder die Kabbala.*

Experten sollte man immer mit einer gewissen Skepsis begegnen, denn viele von ihnen sind Fachidioten. Das Schwierige bei der Beurteilung eines Experten ist immer, dass man eigentlich selbst Experte sein müsste, um ihn beurteilen zu können.

F

Feinstoffliches. *Im Gegensatz zu den Materialisten und Skeptikern können Esoteriker Feinstoffliches wahrnehmen und mit den Wesen der feinstofflichen Bereiche kommunizieren.*

Esoteriker bilden sich solche Bereiche ein und kommunizieren dann mit ihnen, insofern unterscheiden sie sich von den Materialisten und Skeptikern. Wer aber hat die bessere Intuition? Esoteriker bilden sich nicht nur die Existenz feinstofflicher Welten ein, sondern auch, dass sie die bessere Intuition haben. Intuitiv würde ich sagen, dass auch das ein Irrtum ist.

→ ***Intuition***

Feng Shui. *Wer seine Wohnung – im erweiterten Sinn sein Leben – nach den Prinzipien des Feng Shui einrichtet, wird gesund, glücklich und finanziell erfolgreich. Wer das nicht tut, kann sich bemühen, wie er will, er wird es immer schwer haben und wahrscheinlich scheitern.*

Die altchinesische Lehre des Feng Shui (übersetzt »Wind, Wasser«) ist ein kosmologisches Modell, das Mikro- und Makrokosmos als eng miteinander verbunden sieht. Der Körper des Menschen mit seinen Organen und auch seine Wohnung werden im Feng Shui als eine Art Modell des gesamten Kosmos angesehen, mit Yin und Yang, Himmel und Erde und den fünf Elementen (Feuer, Erde, Metall, Wasser, Holz). Wer jedoch etwa glaubt, im Reichtumseck seiner Wohnung (Südosten) durch die Anbringung »aktivierender Farben« seinen finanziellen Reichtum magisch steigern zu können, erliegt einem Irrtum. Grüne Farben im Nordwesten der Wohnung würden bei entsprechender Überzeugung von der Richtigkeit dieser Methode dieselben Erfolge bringen. Feng Shui kann das Bewusstsein für die Ästhetik der Umgebung steigern und für die Verbundenheit von innen und außen, es ist aber auch Futter für das Bedürfnis nach leicht verständlichen Wenn-Dann-Lebensregeln und die dem entsprechende naive Esoterik.

Festhalten *ist ein Zeichen von Schwäche und spiritueller Unreife.*

Festhalten kann ein Zeichen von Stärke sein. Wendehälse sind nicht die besseren Menschen und auch nicht die besseren Esoteriker.

Feuer, Wasser, Luft und Erde. *So wie die ganze Welt besteht auch der Mensch aus diesen vier Elementen. Je nach Typ kann ein Mensch mit einem dieser vier Elemente besonders gut umgehen. Meist ist das das Element des Sternzeichens des Geburtshoroskops.*

Aus der Philosophie der Antike hat die heutige Esoterik die Lehre der vier Elemente übernommen und hält diese in tieferer Weise für wahr als die des Periodensystems der modernen Chemie. Die Vier-Elemente-Lehre wirkt zwar anheimelnder, weil sie auch den Menschen zu durchdringen scheint, und es geht von ihr wegen ihres Alters eine archaische Faszination aus, aber ihre Behauptungen halten einer genaueren Untersuchung nicht stand. Das gilt sowohl für die astrologischen Typen (Erdzeichen, Luftzeichen, Wasserzeichen, Feuerzeichen) als auch für Aussagen über die Verwandelbarkeit eines Elementes in ein anderes.

Feuerlauf. *Um barfuß unverletzt über glühende Kohlen gehen zu können, braucht es übernatürliche Fähigkeiten, wie sie etwa in Feuerlaufseminaren bei den Teilnehmern geweckt werden.*

Auch ohne Trance und rituelle Vorbereitung kann man unbeschadet über Holzkohle laufen. Holzkohle ist zwar 240 bis 450 Grad Celsius heiß, aber diese Hitze dringt bei der kurzen Berührung des üblichen Feuerlaufens nicht bis zum verletzbaren Teil der Haut durch. Sogar kleine Kinder ohne Hornhaut können unbeschadet über glühende Kohlen gehen, und es ist dazu auch kein etwa die Hitze lindernder Fußschweiß nötig. Das Feuerlaufen ist trotzdem für fast jeden eine besondere und das Selbstvertrauen stärkende Erfahrung, deshalb wird sie von alters her auch in religiösen Ritualen angewandt, so etwa auf den Fidschi-Inseln, in Afghanistan und Sri Lanka, im orthodoxen Christentum auf dem Balkan und in Griechenland sowie in modernen Esoterikseminaren. Dort überall wird die Unversehrtheit des nackten Fußes allerdings übernatürlichen Kräften zugeschrieben, was dem sozialen Status des Feuerlaufleiters und seiner metaphysischen Theorie zugute kommt. So berichtet der Wiener Verhaltensforscher Prof. Karl Grammer von einem Feuerlauf der Anastenariden in Nordgriechenland, wo plötzlich ein gewöhnlicher Zuschauer mit aufs Feuer lief, ohne sich dabei die Füße zu verletzen. Der Feuerlaufleiter versuchte daraufhin, diesen durch »freundliches« Überreichen glühender Kohle zu verletzen (was jedoch nicht gelang), um klar zu machen, dass man ohne das vorgeschriebene Ritual nicht unverletzt über Kohle gehen könne.

Fluss des Lebens. *Alles fließt, pantha rei.*

Wer wollte dem widersprechen? »Man kann nicht zwei Mal in denselben Fluss steigen« (Heraklit) – nein, das können wir nicht. Diese Aussage ist also wahr – erstens. Zweitens ist sie als Ausrede gut zu gebrauchen, und damit sind wir beim Irrtum: Nicht alles fließt. Wenn ich als Esoteriker darauf hinweisen will, dass es mich heute nicht mehr juckt, was ich gestern gesagt habe, weil »alles fließt«, dann ist das eine Ausrede. Ebenso wie die anderen chemischen Stoffe fließt auch Wasser nur in einem seiner drei Aggregatzustände: Als Eis fließt es nicht, und als Dampf schwebt es eher. Und was die metaphorische Ebene anbelangt: Manches bewegt sich so langsam, dass man kaum mehr von Bewegung sprechen kann und da ist es eine sinnvolle Annäherung an die wahrnehmbare Realität, dort von Festigkeit oder Unbeweglichkeit zu sprechen. Die Fixsterne am Firmament zum Beispiel sind dort relativ fix, und auch die Alpen und der Himalaya erheben sich nur langsam.

Freie Energie *ist eine jederzeit anzapfbare Energiequelle, die nichts kostet und der auch nicht von außen Energie zugeführt werden muss, damit sie welche abgeben kann. Das Wissen um diese Art der Energie und wie man sie nutzen kann, wird von den Energiekonzernen unterdrückt, weil sie sonst an Macht verlieren würden.*

Nach dem zweiten Hauptsatz der Thermodynamik gibt es keine freie Energie. Jedem System, dem man Energie entnimmt, muss mindestens ebenso viel Energie zugeführt werden. Menschen lügen, bestechen, morden, führen Kriege, um an Energie heranzukommen, die dann auch noch etwas kostet; gäbe es freie Energie, hätte sich das Wissen hierüber längst verbreitet.

Frequenzen → *Schwingungen*

Fülle/Mangel. *Wer der Welt mit offenem Herzen begegnet, erlebt dort grenzenlose Fülle, denn Mutter Natur gibt aus ihrem Füllhorn großzügig und bedingungslos!*

Ein sehr schönes und poetisches Bild, und es ist gut, solche positiven den negativen Bildern vorzuziehen, denn durch »die Magie der Aufmerksamkeit« fördern sie das, worauf man sich fokussiert. Andererseits gibt es Menschen, die leiden, ohne dass sie dieses Leiden durch eine andere Haltung zum Leben ändern könnten. Es gibt Menschen, die so arm sind, dass sie hungern, und es gibt unheilbare Krankheiten, Demütigungen, die man sich nicht »geholt« hat, politische Verfolgung und Gerichtsirrtümer. Wer da vorschnell mit »Das habt ihr euch selbst zuzuschreiben, warum habt ihr nicht positiv gedacht und euer Herz geöffnet« reagiert, vertieft dieses Leiden nur, indem er zu dem Schaden den Spott noch hinzufügt.

Führung. *Es gibt nicht nur Führung in Wirtschaft oder Politik, sondern auch etwas Höheres: spirituelle Führung. So etwa für einen Christen die Führung durch den Heiligen Geist oder für einen Esoteriker durch einen aufgestiegenen Meister.*

Ob eine spirituelle oder geistige Führung gut oder schlecht ist, lässt sich nicht an der Quelle erkennen. Eine Führung, die aus dem Jenseits kommt, ist nicht schon deshalb gut. Wer diese schlecht redet oder als moralisch schlecht beurteilt, müsste entsprechend auch Gott verurteilen, weil so viele mittelalterliche Päpste sich auf die Führung durch ihn berufen haben. Um eine Führung gut oder schlecht zu nennen, braucht es ethische Kriterien.

→ ***Ethik***

G

Ganzheitlichkeit. *Hauptziel der esoterischen oder spirituellen Suche ist das Ganzwerden. Deshalb sind die heilerischen oder erzieherischen Methoden der Esoterik danach zu beurteilen, wie ganzheitlich sie sind. Spirituelle Menschen sollten sich nur auf ganzheitliche Methoden einlassen, alles andere vertieft nur die Getrenntheit.*

Spirituelle Menschen lassen sich gern auf einseitige Methoden ein, wie etwa eine Geistheilung, die den Körper ignoriert oder Kräutermedizin, Traditionelle Chinesische Medizin und Ayurveda, die seelische Störungen ignorieren. Ganzheitlich zu sein im Sinne von »nicht einseitig« ist ein hoher Anspruch, da ist ein Scheitern kaum zu vermeiden.

Bei der **Geburt** *tritt die Seele in einen Körper, den sie sich erwählt hat, um etwas zu lernen. Man nennt das auch »Inkarnation« (Fleischwerdung, von lat. carne).*

Zunächst mal muss die Inkarnation wohl eher zum Zeitpunkt der Empfängnis stattgefunden haben und nicht erst zum Zeitpunkt der Geburt, denn auch der Embryo ist – spätestens ein paar Wochen nach der Zeugung – ein Menschlein. Zweitens ist das mit der Wahl so eine Sache: Stell dir vor, du wirst in einem Slum geboren, hast das Downsyndrom und eine alkoholsüchtige Mutter, die HIV-positiv ist … Hast du dir das gewählt?
→ ***Schule des Lebens***

Gedankenübertragung. *Gedanken werden unter einander nahestehenden Menschen auf eine Weise übertragen, die die Wissenschaft nicht erklären kann.*

Die Wissenschaft kann vieles nicht erklären, vor allem was die wohl komplexeste Struktur der Welt betrifft, das menschliche Gehirn. Aber warum manchmal Menschen voneinander die Gedanken erraten können und oft dieselben Gedanken haben, das kann sie sehr wohl erklären. Durch die innige Interaktion von einander sehr nahestehenden Menschen wie etwa zwischen Mutter und Kind oder zwischen Liebenden entstehen Parallelvorgänge, die sich eine Zeitlang auch ohne kommunikative Abgleichung des status quo fortsetzen können, so dass dann zur gleichen Zeit an verschiedenen Orten dieselben Gedanken auftreten. So erklärt sich auch die Gleichzeitigkeit von technischen, wissenschaftlichen oder künstlerischen Erfindungen, wenn »die Zeit reif ist« dafür: Die in dem gemeinsamen kulturellen Entwicklungsprozess durch Kommunikation und Interaktion miteinander Verbundenen kommen dann an ganz verschiedenen Orten auf dieselben Ideen.

Die Welt ist voller **Geheimnisse***, die keine Wissenschaft sich je erklären kann.*

»Geheimnis« ist eines der Lieblingsworte der Esoterik. Geheimnisse rufen Staunen hervor, und diese kindlich-staunende Weltbetrachtung entspricht dem favorisierten Lebensgefühl der Esoterik. So ist auch der Satz von William Shakespeare im Hamlet: »Es gibt mehr Dinge zwischen Himmel und Erde, als eure Schulweisheit sich träumen lässt« eines der Lieblingszitate der Szene. Es gibt aber auch vieles, das zu einem Geheimnis gemacht wird, ohne eines zu sein.

So bleiben »Das Geheimnis der Pharaonen« und viele andere Geheimnisse massenhaft magisch wirkende Zeitschriften- und Buchtitel und stellen so das »Geheimnis des Verkaufserfolgs« dar ohne eines zu sein.

Gehirnwäsche. *Sekten sind religiöse Gruppen, in denen Gehirnwäsche betrieben wird. Esoteriker tun so etwas nicht, sondern befreien den Menschen von Gehirnwäsche aller Art, wie sie nicht nur durch Sekten, sondern bereits auch durch die normale Erziehung geschieht.*

Auch Esoteriker waschen die Gehirne, will sagen: beeinflussen sie. Alle tun das. Es kommt halt auf den Standpunkt an: Bei den Feinden nennt man es Gehirnwäsche, bei den Freunden Erziehung.

Der **Geist** *ist besser als die Materie.*

Geist ist nur ein Konzept, ebenso wie Materie. Das eine Konzept der Welterklärung dem anderen vorzuziehen ist einseitig und insofern nicht sehr geistvoll und schon gar nicht ein Zeichen von spiritueller Reife oder esoterischer Tiefe.
→ ***Materialismus***

Die **Geistheilung** *ist die eigentliche, weil ursächliche Heilung. Sie ist den Methoden körperlicher Heilung, die nur Symptome kurieren, weit überlegen.*

Geistheilung kann sehr wertvoll sein, aber sie ist nicht an sich der körperlichen Heilung überlegen. Im Falle eines stark entzündeten Blinddarms ist eine Operation in jedem Fall zu bevorzugen. Es gibt allerdings auch Fälle, in denen die Geistheilung wirksamer ist, das können zum Beispiel Depressio-

nen, Allergien und andere chronische Krankheiten sein. Jedenfalls stimmt es nicht, dass die körperlichen Verfahren nur Symptome heilen würden, die geistigen die Ursachen. Es kann auch umgekehrt sein. So kann etwa ein entzündeter Weisheitszahn zu chronisch wiederkehrenden geistigen Folgen führen. Eine alte und weit verbreitete Geistheilung mit sehr hoher Erfolgsquote ist die folgende: Das Kind hat sich beim Spielen eine Schramme am Knie geholt, nun weint es und kuschelt sich hilfesuchend an die Mutter. Diese streichelt es, spricht tröstende Worte, pustet auf die Wunde und singt dabei das Mantra: »Heile, heile Segen, morgen gibt es Regen, übermorgen Schnee, dann tut's nicht mehr weh«. Aufgrund des seit Generationen bewiesenen Erfolges dieser Methode der Heilung, sollte man mal probieren, ob sie nicht auch bei Erwachsenen funktioniert, durchaus auch mit dem deutschen Volkslied des »Heile, heile Segen«, das wir ja von Kind auf kennen. Das alles wäre einmal in randomisierten Doppelblindstudien genauer zu untersuchen und dabei auch mit der Verabreichung von Kügelchen zu vergleichen.
→ ***Homöopathie***

Geistige Welt/Geistwesen/Geister. *Im Gegensatz zu Materialisten sind spirituelle Menschen in Kontakt mit der »Geistigen Welt«. Das heißt, sie können Engel, Elfen, aufgestiegene Meister oder andere körperlose Wesen wahrnehmen, mit ihnen kommunizieren und sind in positivem Kontakt mit ihnen.*

Die Welt der Geistwesen ist eine fiktive. Diese Wesen sind (nur) so wirksam wie Fiktionen sein können. Im Grunde sind auch die Persönlichkeiten, als die wir einander im sozialen Leben vorstellen und begegnen, solche Fiktionen oder Geistwesen. Das heißt, wir bilden uns ein, dass dieser ein

Bürgermeister, jener ein Verbrecher und die dort ein Fernsehstar ist. Soziale Personen sind Geistwesen, die sich allerdings mit mehr oder weniger großer Permanenz an körperliche Gestalten haften.

Geld *ist Energie. Du hast davon so viel, wie du bereit bist zu empfangen.*

Da alles in gewisser Hinsicht »Energie ist«, weil sich zum Beispiel jede Form von Materie nach dem Einsteinschen Satz $e = mc^2$ verstrahlen, also in Energie verwandeln lässt, ist auch Geld Energie. Das sagt aber noch nichts Konkretes über dieses Tausch- und Zahlungsmittel aus. Konkreter ist da schon die unter Esoterikern sehr populäre Behauptung, man habe davon so viel, wie man bereit ist zu empfangen. Das verhöhnt die Armen, die nicht alle und gewiss nicht in jeder Hinsicht für ihre Armut selbst verantwortlich sind – der weit verbreitete esoterische Größenwahn zeigt sich auch hier. Um das Thema Geld nicht auf profane Weise ansprechen zu müssen, spricht man in Esoterikkreisen beim Bezahlen auch gern von einem »Energieausgleich«. Wenn ein Seminarteilnehmer etwa mal zu wenig in die Spendenbox gelegt hat, könnte der Leiter ihn dann etwa mit folgenden Worten ansprechen: »Das stimmt für mich so nicht. Ich habe das Gefühl, da ist der Ausgleich von Geben und Nehmen nicht gewährleistet, und damit fühle ich mich nicht gut.«
→ ***Energieausgleich***

Das Leben ist voller **Geschenke!** *Man muss sie nur zu nehmen wissen.*

Das ist nett gesagt und kann die Tugend der Dankbarkeit fördern. Es gibt allerdings auch Situationen, wo es nicht gut

ist, lieb säuselnd von Geschenken zu sprechen, sondern man besser Nein sagt und kämpft. Die hohe Kunst ist, das eine vom anderen zu unterscheiden.
→ ***Dankbarkeit***

Das **Gesetz der Anziehung** *ist das Geheimnis der Welt. Es regiert die Innen- wie die Außenwelt. Wer es kennt, kann im Leben alles erreichen, was auch immer er sich wünscht.*

In dem Weltbestseller *The Secret* von der australischen TV-Journalistin Rhonda Byrne wird das »Gesetz der Anziehung« als uraltes Gesetz der Wissenden und Eingeweihten gepriesen; als ein Gesetz, das alles in der Welt regiert und, richtig angewandt, dazu dienen kann »alle« eigenen Wünsche zu realisieren und zwar sofort; nicht einmal Zeit spiele dabei eine Rolle. Und das Paar Esther und Jerry Hicks legen gleich nochmal nach mit *The Law of Attraction – das Geheimnis hinter ›The Secret‹* – ebenfalls ein Weltbestseller. Dabei gilt dieses Gesetz gar nicht, es ist ein Irrtum. In seiner allgemeinen Formulierung ist es eine Wahrnehmungstäuschung, und in seiner spezifischen beinahe eine Tautologie: Wir richten unsere Wahrnehmung auf das, worauf wir sie richten. »Die Energie ist dort, wo die Aufmerksamkeit ist« besagt einer der Grundsätze der hawaiianischen Kahuna-Lehre. Bei wem sie auf Krieg gerichtet ist, der wird kämpfen. Wenn sich die Energie aber darauf richtet, dass die heutige Populär-Esoterik das höchste Wissen der Menschheit darstellt, dann wird das Ergebnis Einbildung, Größenwahn und schließlich Enttäuschung sein.

Gier → *Aggression*

Glaube. *Woran du glaubst, das wird wahr.*

Das ist eine andere Variante des »Law of Attraction« oder der Behauptung, die Welt sei das, was Subjekte (einzeln oder kollektiv) auf eine leere Leinwand projizierten, und dies macht auch die theoretische Grundlage des positiven Denkens aus. Tatsächlich funktioniert das alles aber nur im Bereich der Identitäten: Unsere Identität ist das leere, unbeschriebene Blatt, die weiße Leinwand, auf der wir jemand sein können – der- oder diejenige, die wir wollen, solange wir imstande sind, in der Interaktion mit der für uns bedeutsamen sozialen Umgebung das umzusetzen. Nur Identitäten sind durch Glauben erschaffbare Realitäten. Alles andere ist durch Glaube, Überzeugung und Einbildung nur indirekt erschaffbar, etwa indem jemand sich für einen großen Architekten hält (das ist die erschaffene Identität) und dann aus diesem Bewusstsein/dieser Täuschung heraus tatsächlich ein Bauwerk erschafft. Oder jemand hält sich für einen großen Führer und »erschafft« aus dieser Einbildung/Überzeugung heraus eine Gefolgschaft, die dann viel Gutes oder Schlechtes anzurichten imstande ist.

→ *Einbildung*

Glaubenssätze *sind die Partikel, die einzelnen Bausteine von etwas für wahr Gehaltenem, eines Glaubens oder einer Überzeugung. Durch Einsicht lassen sie sich ändern. Fest sitzende Glaubenssätze brauchen mentale Techniken, um geändert zu werden.*

Das Verbale, in Sätzen Formulierbare, macht nur einen Teil des Glaubens aus, allerdings einen sehr wichtigen. Ein anderer Teil des Glaubens ist das Heimatgefühl, das sich bei einem Menschen je nach Biografie in einem spezifischen

Ambiente einstellt, welches durch Jargon oder sinnliche Elemente (Musik, Ästhetik, Gerüche, Geschmack, etc.) bestimmt wird.

→ *Glaube*

Gott *ist nicht in der Außenwelt, sondern in deinem Herzen, und er liebt uns alle.*

Gott als das Höchste und Erstrebenswerteste nur innen zu suchen ist ebenso einseitig, wie ihn (oder sie oder das Göttliche) nur außen zu suchen. Das menschliche Herz kann eine Mördergrube sein und die Außenwelt voller Schönheit und göttlicher Zeichen – und umgekehrt. Und was die Liebe Gottes anbelangt, da muss man den Begriff der Liebe schon sehr weit fassen, um in allem einen »lieben Gott« sehen zu können.

Der **Guru** *(ind. für »Lehrer«, wird bei uns nur in der Bedeutung »spiritueller Lehrer« oder »unantastbare Autorität« verwendet) ist Gott nahe, weise, jenseits des Egos. Als solcher kann er uns Menschen auf blinde Flecken hinweisen und helfen, die Ego-Perspektive zu überwinden. Voraussetzung dafür ist jedoch, dass der Mensch sich ihm und seinen Anweisungen vorbehaltlos hingibt.*

Wer als spiritueller Lehrer agiert, ist nicht unbedingt und jedenfalls nicht immer jenseits des Egos, mit Gott verbunden und weise. Auch Gurus haben blinde Flecken, und man sollte ihnen nicht bedingungslos folgen. Wenn man sich allerdings zu sehr um sich selbst dreht und aus alten, ungeliebten Gewohnheiten nicht allein herauskommt, kann es hilfreich sein, sich auf jemanden außerhalb zu stützen. Dies kann ein Guru sein oder ein guter Freund. Das, was als Warnung vor den

spirituellen Gurus aus dem Osten gesagt wird, gilt genauso für die Gurus der westlichen Kultur, die Experten.
→ ***Experten***

Gut & Böse → *Ethik*

H

Hagiografie. *Bei Menschen, die es spirituell weit gebracht haben und die dadurch heute zu Botschaftern der Liebe und des neuen Zeitalters geworden sind, haben sich die Eigenschaften, mit denen sie heute strahlen, schon in ihrer Kindheit gezeigt.*

Ebenso wie bei den christlichen, buddhistischen oder hinduistischen Heiligen wird auch bei den esoterischen Lichtgestalten, sobald sie diesen erlauchten Status erhalten haben, die Biografie neu geschrieben. Religionswissenschaftlich nennt man das Ergebnis dieser Neufassung des Vergangenen dann nicht mehr Biografie, sondern »Hagiographie« (von griech. *hagios* – heilig und *graphein* – schreiben).

Das **Handlesen** *ist eine Methode, mit der man aus den Linien einer Hand den Charakter dieses Menschen und seine Zukunft erkennen kann.*

Den Charakter vielleicht ein bisschen, die Zukunft kaum. Da der Charakter sich auch im Körper zeigt, vor allem der gewordene Charakter (nicht der angeborene) im gelebten, alternden Körper, kann man aus der Körperhaltung, dem Gesicht, der Iris und den Handlinien einiges herauslesen. Der Erfolg der guten Handleser beruht allerdings auf der Wahrnehmung des ganzen Menschen, wenn er ihm die Hand zur Deutung reicht und auf einer guten Intuition, Menschenkenntnis und Lebenserfahrung. Die Zukunft aus der Hand

zu deuten ist fast unmöglich, so ähnlich wie aus den Karten, und wird auch bedingt durch sich selbst erfüllende und sich selbst verhindernde Prophezeiungen.
→ ***Wahrsagerei***

Die **Heilige Geometrie** *ist die Sprache der Schöpfung. Alles in der Welt ist aus ihren Grundmustern aufgebaut: aus den fünf platonischen Körpern, dem Kreis und der »Blume des Lebens«.*

Seit der Antike waren Mathematiker und Philosophen von den Formen der Geometrie fasziniert und haben in ihnen eine religiöse Bedeutung gesehen. In der heutigen Esoterik wird diese Position vor allem von Drunvalo Melchizedek vertreten. Der Irrtum dieser Sichtweise besteht vor allem darin zu glauben, dass dies mehr als nur eine Sichtweise ist: Die Natur ist nicht aus diesem Grundmuster aufgebaut, sondern kann (mit einiger Anstrengung, Vorbereitung, Schulung) auf diese Weise betrachtet werden. Wenn man das tut, erschließen sich dem Betrachter viele ästhetische Formen, die auch Grundlage zum Beispiel für Architektur und Musik bilden können.

Heilkraft. *Die Sinne, die Natur, die Stimme und der Körper, die Beziehungen und die Liebe, die Stille, der Klang, das Wasser, alles irgendwie Gute hat Heilkraft.*

Das Wort »Heilkraft« wird in der Esoterikszene so gern gebraucht und so oft beschworen, dass man eine starke Sehnsucht und ein starkes Mangelempfinden dahinter vermuten darf: Man fühlt sich unheil und kraftlos, wobei das Unheil einen medizinischen Aspekt hat (Man fühlt sich krank.) und einen religiösen (Man fühlt sich profan.). Herbeigesehnt werden das Heil (bestehend aus Gesundheit und Heiligkeit) und die Kraft (Stärke, Macht). Ist das ein Irrtum? Nein, denn ein positives Verhältnis zu diesen wunderbaren Objekten (Natur, Musik, Wasser, etc.) kann den so Verehrenden tatsächlich stärken. Doch die »Heilkraft«, insofern sie tatsächlich besteht, liegt nicht in dem Objekt, sondern in der positiven Zuwendung, der Verehrung.

Heilung *ist ein religiöser (rückverbindender) Vorgang, weil sie den Menschen mit dem großen Ganzen, von dem er sich durch sein Ego abgespalten hat, wieder harmonisch verbindet.*

Viele Heilungsvorgänge haben nichts mit dem Ego zu tun. Andere wiederum bestehen in einer Stärkung des Egos, das heißt, einer Stärkung der Fähigkeit zur Abgrenzung und zum Nein sagen (zum Beispiel zu ungesunden Beziehungen oder ungesunden Nahrungmitteln). Es gibt aber auch Leiden, das mit dem Bewusstsein (bzw. der Illusion) der Getrenntheit zu tun hat und durch Einsicht in diesen Zusammenhang zu einem Wiedergewinnen von Gesundheit und Glück führt; das wäre dann ein ego-verursachtes Leiden, das durch spirituelle Einsicht in die Ganzheit geheilt werden kann. Die Wortwurzelähnlichkeit von *heil* und *heilig*, *whole* (ganz) und *holy* hat vermutlich in diesem Wissen ihre Ursache.

Hellfühligkeit, Hellsichtigkeit/Hellseherei. *Hellfühlige oder hellsichtige Menschen fühlen (bzw. »sehen«), was sie logischerweise unmöglich wissen können. Zum Beispiel erraten sie, wenn das Telefon läutet, wer dran ist, noch bevor sie abgehoben haben.*

Hellfühligkeit ist ebenso wie die Hellsichtigkeit eine der vielen paranormalen Fähigkeiten, die Esoteriker gern einander andichten. Je höher sie diese Fähigkeit als Tugend bewerten, umso eher merken sie es sich, wenn sie einmal (zufällig) etwas erraten haben, was sie vorher nicht wussten. Dies wird dann im Gedächtnis als »typisch« abgespeichert und führt in der Folge zur Einschätzung »ist hellsichtig« (bzw. hellfühlig). Bei keiner dieser Eigenschaften hat sich jedoch bisher eine Trefferquote feststellen lassen, die über Zufallstreffer hinausgeht.

→ *Wahrsager*

Herausforderungen. *Es gibt im Leben keine Katastrophen, es gibt nur Herausforderungen.*

Solche Sätze lieben nicht nur Esoteriker, sondern auch Motivationstrainer. Oft allerdings sind dieses nicht viel mehr als Beschönigungen. Wenn in den USA Behinderte neuerdings als »physically challenged« (physisch herausgefordert) bezeichnet werden, ist das eine solche Beschönigung, denn es gibt nicht nur Herausforderungen, es gibt auch Katastrophen, die man durchaus als solche bezeichnen sollte. Sich von diesen dann herausfordern zu lassen, ist allerdings eine hohe Kunst, ein Terrain für Helden. Diesen wünschen wir beim Bestehen dieser Prüfungen nur das Beste!

Das **Herz** *ist der wichtigste, der essentielle Teil des Menschen. Wer »im Herz« ist, ist gut. So gut, wie Antoine de Saint-Exupéry, der es den kleinen Prinzen sagen lässt: »Man sieht nur mit dem Herzen gut«. Menschen die (noch) »im Kopf« sind, sind sehr unreife Menschen. Speziell in Beziehungen sind sie kaum tragbar.*

Esoteriker sehen sich gern als Herzmenschen gegenüber den kopfgesteuerten »Normalos«. In der Hinsicht haben sie Recht: Gefühle zu unterdrücken kann krank machen und führt oft zu einem Verlust an Lebensqualität. Wer will schon mit einem gefühlskalten Menschen zu tun haben oder gar eine Beziehung eingehen? Kopf und Herz, Intellekt und Emotionalität auszugleichen ist ein sinnvolles Ziel auf dem spirituellen Weg, dem Weg der Reifung. Die Emotionalität einseitig zu bevorzugen führt allerdings zu Impulsivität, Unzuverlässigkeit oder Sentimentalität. Nur wenn mit »Herz« eine Tiefe jenseits von Emotionalität oder sonst einer Einseitigkeit gemeint ist – das Herz verstanden als »die Mitte« – sollte man dem Herzen den Vorzug gegenüber dem Kopf geben (Statt »Herz« kann man hier fast synonym auch »Bauch« einsetzen).

→ ***Bauch***

Hexen *sind die weisen Frauen der vorchristlichen Ära in Europa. Aus Angst vor der Konkurrenz hat das Christentum die Hexen auf grausame Weise vernichtet und damit die gesamte vorchristliche Weisheit.*

Was die Vernichtung angeht, ist das weitgehend wahr: Nur wenige haben überlebt, und auch eher im Untergrund oder durch Verleugnung ihres Wissens. Auch was die Motivation anbelangt, dürften Konkurrenzgedanken dabei eine Rolle gespielt haben, die Angst der Männer vor dem unverstandenen Geschlecht und einfacher, bibeltreuer Fanatismus: »Die Zauberinnen sollst du nicht am Leben lassen« (2. Mose 22,17).

Hier und Jetzt *ist alles, was ist. Darüber hinaus gibt es für den Weisen nichts. Was nicht hier (räumlich) und jetzt (zeitlich) ist, das gibt es nicht. Es gibt keinen Raum und keine Zeit.*

Mit dieser Behauptung hat in den 70er-Jahren der amerikanische Psychologe und Harvard-Professor unter dem spirituellen Namen Ram Dass Furore gemacht und mit dem Buch »Be here now« (1971) einen Klassiker der spirituellen Literatur geschaffen. In ähnlicher Weise schlug fast 30 Jahre später (1991) das Buch »The Power of Now« des heute in Vancouver lebenden Österreichers Eckart Tolle ein. Seine Botschaft ist: Alles ist jetzt, es gibt keine andere Zeit als diese; erkenne dies, dann bist du erleuchtet. Tatsächlich ist immer nur Gegenwart, nie »war es« Vergangenheit, und nie wird die Zukunft sein. Das ist die *vertikale Wahrheit*. Es gibt jedoch auch eine horizontale, die lineare Zeit. In der gibt es Vergangenheit und Zukunft. Ich habe eine Biografie, und mein Land hat eine Geschichte – jetzt. Und ich kann die Zukunft planen – jetzt. Die platte Populärversion der »Hier und Jetzt«-These von Richard Alpert, Eckard Tolle und tausenden anderen Mystikern ist allerdings ein Irrtum. Er besagt, dass es egal ist, was war (Jesus »Lass die Toten ihre Toten begraben«) und dass es nicht nötig ist, sich um Morgen zu kümmern (nochmal Jesus: »Seid wie die Lilien auf dem Felde«), weil die Zukunft ja doch nie kommt. Hier ist die Berichtigung: Raum und Zeit gibt es in der normalen, alltagsrelevanten Realität sehr wohl. In der mystischen Wahrnehmung erweisen sich Raum und Zeit jedoch als pure Konstruktionen. Allerdings als sehr nützliche! Lässt man sie weg, wie das in der Meditation und der mystischen Schau geschieht, erfährt man »die Welt, wie sie ist«.

Himmel und Erde. *Der Mann ist der Geist/der Himmel, die Frau ist die Erde.*

Das ist eine sehr schöne Metapher. Und wenn es regnet, kommt er zu dir und befruchtet dich, er, der Mann, der heilige Geist: Vom Himmel hoch, da komm ich her – wie schön! Diese hübsche Metapher gibt allerdings auch vielfältig Gelegenheit, die Frau auf Landwirtschaft und Hausarbeit zu beschränken und die geistigen Berufe wie Priester und Gelehrte Männern vorzubehalten.

Hingabe *ist der weibliche Weg und der des spirituellen Jüngers.*

In Indien nennt man diesen sprituellen Weg traditionell den *Bhakti*-Weg oder *Bhakti-Yoga*-Weg, im Unterschied zum *Hatha-Yoga* (Weg der Körperübungen), *Karma-Yoga* (Weg der guten Taten), *Jnana-Yoga* (Weg des geistigen Verständnisses) oder *Raja-Yoga* (Weg der Geisteskontrolle). Es sind jedoch auch diese anderen spirituellen Wege (im hinduistischen Indien werden alle spirituellen Wege auch Yoga-Wege genannt) für Frauen geeignet und auch für die Jünger von spirituellen Lehrern können Atemkontrolle, Körperübungen, gute Taten und geistiges Verständnis von Vorteil sein.

Höheres und Niederes. *Der Entwicklungsweg der Seele ist vom Niederen, Tierischen zum Höheren, Göttlichen. Es ist ein Stufenweg (siehe auch das berühmte Gedicht von Hesse: »der Weltgeist will … uns Stuf'um Stufe heben«). Ihn zu erklimmen braucht Anstrengung, Geduld und Beharrlichkeit.*

Die räumliche Analogie des spirituell-esoterisch positiv und negativ Bewerteten zum räumlichen Oben und Unten ist willkürlich. Man könnte auch das Untere, Niedere positiv bewerten oder das Vordere oder das Linke, warum sollte eine der Richtungen im Raum spirituell bevorzugt werden? Ist der Himmel denn besser als die Erde, der Norden besser als der Süden? Es gibt keinen Grund dafür. So braucht man auch den Menschen gegenüber der Amöbe nicht als etwas Besseres darzustellen. Komplexer ist der Mensch, aber besser? Das wäre eine ethische Entscheidung, und dabei sollte man einbeziehen, dass Amöben keine Atomkriege auslösen und ihr Biotop nicht zerstören. Dass Handlungen vermieden werden sollten, die Schaden, Schmerz oder Leid verursachen und dass unser Handeln das Glück empfindender Wesen erstreben sollte, das hat mit Oben und Unten nichts zu tun, sondern mit Ethik.

→ ***Ethik***

Hokuspokus *ist unter nicht Eingeweihten ein gebräuchliches Schimpfwort für die Esoterik, von der sie sagen, sie sei »nichts als Hokuspokus«.*

Mit dem Begriff »Hokuspokus« entwertet man eine Praktik als Bluff, als Täuschung mit unlauteren Mitteln. Besonders oft wird dieses Wort von den christlichen Kirchen verwendet, den Hauptkritikern der Esoterik. Das Interessante an dem Wort ist jedoch, dass es ursprünglich das Kernritual der katholischen Kirche bezeichnete, das Abendmahl. Dort werden nämlich in der lateinischen Liturgie die Worte »hoc est corpus (meum)« gesprochen, in der Bedeutung von »Dies ist mein Leib«. In den nichtlateinischen Ländern verstanden die Menschen diese vom Pfarrer gemurmelten Worte jedoch nicht und behielten das Gehörte als »Hokuspokus« im Gedächtnis, was dann die Bedeutung von »Zauberspruch« und allmählich auch »faulem Zauber« annahm. Tatsächlich bewirkt der Spruch »hoc est corpus meum«, von einem dazu befugten Pfarrer gesprochen, nach katholischen Verständnis die Verwandlung von Brot in Leib und Wein in Blut Jesu. Nichts anderes erreicht ja ein Zauberspruch: Er verwandelt etwas auf magische Weise durch Anwendung einer korrekt gesprochenen Formel. Esoterik ist also nicht unseriöser, zauberhafter oder weniger auf Bluff basierend als die Praktiken des Katholizismus, und auch die anderen christlichen Kirchen kennen in ihren »Sakramenten« quasi-esoterische Rituale.

Homöopathie *ist die für sensible Menschen weit besser geeignete Heilmethode als die Allopathie oder Schulmedizin.*

Die von dem Deutschen Samuel Hahnemann (1755–1843) begründete Homöopathie ist möglicherweise eine bisweilen für glaubensstarke Menschen geeignetere Heilmethode, vor allem dann, wenn die zu Heilenden Vorbehalte gegen die wissenschaftliche Medizin haben. Diese nannte Samuel Hahnemann »Allopathie«, weil sie mit »anderem« (griech. *allos*) heilt und nicht mit Ähnlichem (griech. *homoios*) wie die Homöopathie. Auch bei sensiblen, spirituellen Menschen wirkt mal die eine, mal die andere Methode. Eine Wirksamkeit der Homöopathie, die über die Placebo-Wirkung hinausgeht, konnte bisher nicht wissenschaftlich nachgewiesen werden. Vermutlich haben Homöopathen deshalb manchmal so enorme Erfolge, weil sie dem einzelnen Patienten viel Aufmerksamkeit schenken; so fühlt er sich verstanden, geachtet und nicht nur abgefertigt, wie das in der Schulmedizin oft der Fall ist.
→ ***Placebo***

Humor *ist die höchste aller spirituellen Tugenden, und wer zuletzt lacht, lacht am besten.*

Humor ist die Fähigkeit, über sich selbst zu lachen. Über andere zu lachen, auch das ist gesund und kann das Herz erfreuen, deshalb gibt es Clowns, Kabarettsendungen und Komödien. Aber nur die Fähigkeit, über sich selbst zu lachen sollte man eine spirituelle oder esoterische nennen, das andere wäre Hohn, Spott, Schadenfreude oder ein Auslachen. Ist Humor die höchste der Tugenden des weisen Menschen? Zumindest ein Kandidat dafür, meine ich. Und wer zuletzt lacht, das kann auch der Sieger sein, der den Besiegten verhöhnt, also ein Humorloser, der nur sich selbst gefällt und akzeptiert – kein Kanditat für Weisheit oder ausgereifte Spiritualität.

Die hawaiianische **Huna***-Lehre ist die höchste der schamanischen Lehren, denn sie verbindet die Lebensfreude der Pazifik-Insulaner mit einer unvergleichlichen spirituellen Tiefe.*

Der Europäer sehnt sich nach der Südsee nicht erst seit Gauguin, sondern das begann schon früher, als das Klischee des »edlen Wilden« aufkam. Das wird heute von vielen bedient, unter anderem auch von den Schamanen und insbesondere den indigenen Hawaiianern. Die Esoterik hat ihren Anteil daran mit der Huna-Lehre, der nicht nur famose Weisheit und Heilkraft zugestanden wird, sondern eben auch das Flair der Südsee. Was nicht heißt, Huna hätte keine Weisheit und die Heilkunst sei nichts wert. Sie wird nur etwas zu sehr verkitscht, und dabei wird vieles ausgeblendet. Zum Beispiel hatten die ursprünglichen Hawaiianer eine Kastengesellschaft, bestehend aus vier Hauptkasten, fast ohne soziale Mobilität. Zu ihren Tabus gehörte, dass der Schatten des

Häuptlings nicht berührt werden durfte; wer das tat, sogar unabsichtlich, konnte mit dem Tod bestraft werden. Huna enthält nicht nur Weisheiten, sondern auch Plattheiten und reichlich naive Magie, wie man sie heute in jedem Eso-Laden einkaufen kann, nicht nur auf Hawaii. Kulturforscher und vor allem indigene Hawaiianer sind der Ansicht, dass die Huna-Lehre, wie sie der amerikanische Sprachforscher Max Freedom Long begründete und Serge Kahili King auf seine etwas hawaiianischere Art fortgeführt hat, nur gewisse Anknüpfungspunkte mit dem ursprünglichen hawaiianischen Schamanismus habe. Allem Anschein nach ist Huna ein Kunstprodukt, eine Art Fusion aus der alten Naturreligion Hawaiis mit der modernen Pop-Esoterik der Globalkultur.

I

Wer tief in die Spiritualität eintaucht, erreicht dort das **»Ich-Bin-Bewusstsein«**, *die Gewissheit der Verbundenheit mit allem.*

Im Rahmen der üblichen esoterischen Kraftmeierei wird immer wieder von der »Kraft des ICH-BIN-Bewusstseins« gesprochen. Damit will man anknüpfen an die Upanishaden und die tiefen Einsichten all derer, die sich in ihrer Ekstase mit allem verbunden wussten. In der heutigen Esoterik ist dies allerdings meist nur eine Phrase, bei der das sonst so ungeliebte Ego durch die Hintertür wieder hereinspaziert in den guten Salon, noch etwas zerzaust und verdreckt von all den Anfeindungen, mit Hilfe der klassischen Referenzen (»Tat tvam asi«) nun aber doch wieder ganz schick und akzeptabel.

Wer in **Ich-Botschaften** *spricht, beschuldigt nicht und projiziert nicht. Verständige Menschen sollten deshalb nur in Ich-Botschaften sprechen.*

Diese Maxime stammt aus der Psycho-Szene, der fast gleichaltrigen Schwester der Eso-Szene. In der Psycho-Szene gilt zudem noch ein Verbot des »man« und zwar nicht bloß aus feministischen Gründen, sondern weil vermieden werden sollte, sich hinter allgemeinen Aussagen wie etwa »Das tut man nicht« zu verstecken. Richtig gesprochen heißt das: »Ich tue das nicht« oder »Ich möchte nicht, dass ihr das tut«. Der gute Kern dieser Regel ist, dass Anschuldigungen wie »Du lässt immer dein schmutziges Geschirr in der Spüle stehen« ersetzt werden durch »Es macht mir etwas aus, wenn ich in die Küche komme und dort wieder das schmutzige Geschirr von dir sehe«. Im Sinne einer gewaltfreien Kommunikation, die die Gefühle und Bedürfnisse hinter den Handlungen sichtbar und ansprechbar machen möchte, ist das eine gute Sache. Der Irrtum dabei ist, dass man damit Beschuldigungen und Projektionen vermeiden könnte.

Das **I Ging** *ist das »Buch der Wandlungen« aus dem alten China. Es beschreibt die Bedeutung von 64 Hexagrammen, die 64 grundlegende Situationen darstellen, innen wie außen, wie etwa »Die Anfangsschwierigkeit« oder »Der Besitz von Großem«. Man kann damit Voraussagen machen und in schwierigen Situationen die richtige Entscheidung treffen.*

Das I Ging und das darin beschriebene Orakel ist mindestens 2.000 Jahre alt, und da das Alter (neben dem ganz Neuen) unter Esoterikern sehr verehrt wird, genießt das I Ging unter ihnen hohe Anerkennung. Seine ganzheitliche, zugleich Inneres und Äußeres umfassende, schier zeitlose und kulturübergreifende Sichtweise beeindruckt in der Tat. Allerdings kann auch das I Ging keine genaueren Voraussagen machen als andere Wahrsagetechniken. Und wie gut es bei Entscheidungen hilft, hängt immer vom Anwender ab. Ähnlich wie beim Tarot kann auch das I Ging im Entscheider verdeckte Schichten der Intuition wecken.

→ ***Alt/neu*** → ***Wahrsagen*** → ***Tarot***

Indigokinder *sind hochspirituelle Kinder mit einer besonderen Aura, die heute schon Eigenschaften des »Neuen Menschen«*

zeigen, wie etwa ein hohes Selbstwertgefühl, Intelligenz und Sensibilität. Die meisten Kinder mit ADHS (Aufmerksamkeitsdefzit) sind eigentlich falsch diagnostizierte Indigokinder.

Eltern verhätscheln ihre Kinder gern, Großeltern ihre Enkel. Bei Einzelkindern ist das schon immer besonders stark, und dabei auch die Neigung, im eigenen Kind ein Wunderkind zu sehen. Die esoterische Szene drückt dies seit den späten 70er-Jahren gern im Begriff des »Indigo-Kindes« aus: Mein Kind ist intelligent, hoch sensibel und zeigt schon im Alter von drei Jahren so viele kluge Eigenschaften, dass seine Seele eigentlich nicht von diesem Planeten kommen kann!

Das **innere Kind** *ist das Gute in uns, die Unschuld. Deshalb hat Jesus gesagt: Werdet wie die Kinder! Eh ihr nicht wie die Kinder werdet, könnt ihr nicht ins Himmelreich kommen.*

Das innere Kind ist nur eine unserer inneren Instanzen oder Persönlichkeiten und nicht eine, die uns ständig dominieren sollte. Das innere Kind ist verspielt, kreativ und neugierig, das mögen wir. Aber es ist auch wenig verantwortungsvoll, zu wenig für ein Leben mit anderen Menschen, die auch mal selbst kindlich sein wollen. Der Kult um die Figur des inneren Kindes entspricht der in der Esoterikszene weit verbreiteten Naivität: Man will nicht erwachsen werden. Man will die kindlich-naive, verträumte, magische Weltanschauung beibehalten und bezeichnet sie deshalb zweckmäßig als eine heilige, die die Erwachsenen erst noch zu erreichen hätten.

Innere Stimmen → *Channeling*

Integration *und das integrale Bewusstsein sind im Leben das Wichtigste. Im Grunde geht es für den sich entwickelnden Menschen nur darum, in sich alles zu integrieren, in seinem Mikrokosmos, denn im Makrokosmos ist alles eins.*

Integration ist wichtig, das stimmt, und dieser beliebte moderne Begriff fasst ein weit verbreitetetes psychologisches und ebenso weit verbreitetes spirituelles Reifungskonzept aufs Schönste zusammen. Allerdings geht es manchmal auch um Trennung, Ausgrenzen, Desintegration, Abwehr von Vereinnahmung. Jedes menschliche Wesen, ebenso wie alles von Menschen Geschaffene (auch Unternehmen, Produkte, Institutionen und Nationen) sind sowohl alles-und-nichts wie auch voneinander verschieden: Sie haben ein Profil und grenzen sich ab. Das Verschiedensein und das Einssein unter einen Hut zu bekommen, ist die eigentliche Kunst der Integration.

Intensität *ist ein untrügliches Zeichen für Echtheit, Tiefe, Spiritualität. Wer ganz im Leben steht, rückhaltlos, hingebungsvoll, lebt intensiv.*

Deshalb ist dies das aktuelle Lieblingswort der Esoteriker und eines, bei dessen Popularität sich die Psycho- und Eso-Szene treffen. Wie geht es dir? Ach, es ist grad wahnsinnig intensiv! Womit sich die Sprecherin als authentisch gezeigt hat und voller Hingabe an das, was das Leben ihr an Herausforderungen und (manchmal verdeckten) Geschenken zu geben hat.
→ ***Geschenke*** → ***Herausforderungen***

Intuition *ist eine Qualität spiritueller Menschen. Sie entscheiden nicht vom Kopf her, sondern aus dem Bauch heraus.*

Ein spiritueller Mensch wäre schlecht beraten, wenn er die Berechnung der ihm zustehenden Einkommensteuerrückzahlung intuitiv zu lösen versuchte. Für viele andere Aufgaben jedoch gilt, dass die Intuition der Logik überlegen ist. Je komplexer die Aufgabe, umso mehr. Schon damals, auf der Flucht vor dem Säbelzahntiger, brauchten unsere Vorfahren eine gute Intuition, um in der Sekunde der Gefahr zu entscheiden, ob die Flucht auf den nächsten Baum oder eher durch den naheliegenden Fluss Erfolg versprechender war. Nachdenken hätte zu viel Zeit gekostet – kurz vor dem logisch richtigen Schluss hätte der Säbelzahntiger unsere Urururoma verspeist. Der weit verbreitete Irrtum ist allerdings, dass Intuition *immer* die bessere Art zu entscheiden ist. Wann genau ist sie die bessere Art? Auch das ist mal intuitiv, mal logisch zu entscheiden.

K

Kabbala *ist die jüdische Mystik. Sie war über Jahrhunderte lang die Grundlage der europäischen Esoterik und ihre komplexeste Ausprägung. Ihr Grundgedanke ist, dass der Mensch sich in Gott spiegelt und Gott im Menschen. Makro- und Mikrokosmos entsprechen einander.*

Das ist fast richtig. Im Christentum wurden die Esoteriker viel mehr verketzert als im Judentum, wo sie zum Teil als weise Rabbis und Tora-Gelehrte verehrt wurden Deshalb konnte sich die jüdische Esoterik weiter entwickeln und komplexer ausprägen als die christliche. Allerdings bleibt auch in der Kabbala die Wahrnehmung Gottes überwiegend beschränkt auf die Wahrnehmung einer Person, und die Entsprechungen zwischen Makro- und Mikrokosmos sind begrenzt.
→ ***Analogie***

Kanonisierung. *In jeder spirituellen oder religiösen Richtung werden früher oder später Richtlinien festgelegt, die dem Machterhalt bestehender Institutionen dienen. Diesen Vorgang nennt man Kanonisierung: die Einigung auf einen Kanon gültiger Schriften oder Verhaltensregeln.*

Ja, so wird es gemacht: In fast jeder spirituellen Richtung kommen früher oder später Autoritäten daher, die das Chaos oder den Individualismus fürchten und vor allem den Mystiker, der von sich aus mit dem Heiligen Kontakt aufnimmt. Danach

folgt die Kanonisierung. Die christlichen Kirchen haben das getan, und auch im Islam wurde im 7. Jahrhundert unter Kalif Uthman festgelegt, welche Version der Aufzeichnung der von Mohammed gechannelten Botschaft nun die einzig gültige sein sollte. Die esoterischen Richtungen schimpfen zwar überwiegend auf solches Machtgebaren der religiösen Herrschaften, aber auch in der Esoterik wird kanonisiert.
→ *Reiki*

Karma *ist die Wirkung von guten oder schlechten Taten. Mein Karma bestimmt, ob ich heute und in Zukunft Glück oder Unglück erlebe.*

Der aus Indien stammende Begriff des Karma bezeichnet einen Wirkungszusammenhang zwischen dem, was wir heute erleben und dem, was wir einst getan haben, und ebenso von dem, was wir heute tun und als Folge davon in Zukunft erleben werden. Das Kitzlige dabei sind die Begriffe »wir« und »ich«, das heißt der Begriff der dies erlebenden und so handelnden Person. Wenn ich heute falsch parke, dafür morgen einen Strafzettel bekomme und Bußgeld bezahlen muss, ist der Wirkungszusammenhang klar. Schwieriger ist es, wenn ein Kind mit einem genetischen Defekt geboren wird, während ein anderes völlig gesund zur Welt kommt und mit den Talenten eines Wunderkindes ausgestattet ist. Diese Unterschiede zu sehen beleidigt unser Empfinden für Gerechtigkeit. Die traditionelle indische Erklärung hierfür ist, dass das Kind in einem früheren Leben etwas Gutes oder Schlechtes getan haben muss. Dabei wird der sehr plausible Wirkungszusammenhang innerhalb eines Lebens ausgedehnt auf die Idee einer Reihenfolge mehrerer Leben. Dass »die Seele« aber eine solche Reihenfolge von

Leben erfährt, ist keineswegs belegt und mitnichten Konsens unter spirituell, religiös oder esoterisch empfindenden Menschen.

Kartenlegen → *Wahrsagen* → *Tarot*

Kinesiologie *ist ein Diagnoseverfahren, das die Weisheit des Körpers nutzt. Der kinesiologische Muskeltest prüft die Wirksamkeit von Medikamenten und kann so das jeweils passende Heilmittel finden. Er kann auch andere Entscheidungen herbeiführen, indem man die zu testenden Optionen einfach auf Zettel schreibt. Je nach Richtigkeit der Option ist die Muskelspannung stark oder schwach.*

Der Muskeltest der Kinesiologie beruht auf Suggestion. Bei einer erwünschten Option ist der Muskeltonus stark, bei einer unerwünschten schwach. Wer sich selbst kennt, spürt bei einer Befragung, welche Option sich gut anfühlt und welche nicht. Die erwünschte Option erhöht den Muskeltonus. Ist der Testperson jedoch nicht bekannt, was auf dem Zettel steht, dann sind die Ergebnisse auch nicht besser als Zufallstreffer, denn die Wirkung geschieht über den Geist. Die Worte auf dem Zettel des zu Testenden wirken nicht direkt auf den Muskel, sondern nur, indem der Entscheidung Suchende sie versteht, das heißt, von ihrer Bedeutung suggestiv berührt wird.

Die **Klopftherapien**, *auch EFT (Emotional Freedom Techniques) genannt, sind imstande, durch Klopfen mit dem Finger die Akupressurpunkte unseres Körpers anzuregen und so Entspannung, Stressminderung und Selbstheilung zu bewirken.*

Die Klopftherapien sind eine relativ junge Variante der Therapien, die im Wesentlichen auf dem Glauben an ihre Wirksamkeit basieren und diesen durch harmlose Riten unterstützen. Diese Riten und Inszenierungen lassen sich endlos diversifizieren, so dass sich mit jeder neuen Methode wieder ein neuer Markt eröffnet. Die Heilungsquote ist bei diesen Methoden auch nicht höher als bei den anderen Methoden der Geistheilung.
→ *Geistheilung*

Der **Körper** *ist der Ausdruck der Seele. Das Primäre ist die Seele. Jeweils für die Länge einer Inkarnation, einer körperlichen Lebensspanne »kleidet sie sich mit dem Körper ein«.*

Das Körperliche und das Seelische sind zwei Betrachtungsweisen des Menschen, die beide etwas für sich haben und vieles erklären können, was ohne sie nur rätselhaft wäre. Der einen Betrachtungsweise die Vorherrschaft über die andere zu geben ist einseitig und kann zu bizarren Versuchen und Vorstellungen führen, wie etwa die, dass nach dem Tod eines Menschen seine Seele den Körper verlässt. In der Psychosomatik (von *psyche – Seele* und *soma – Körper*) sagt man: »Die Seele beseelt den Körper, der Körper verkörpert die Seele.«

Körper, Geist und Seele. *Der Mensch ist eine Ganzheit aus diesen drei Teilen, von denen keines zu vernachlässigen ist.*

Die Dreieinigkeit von Körper, Geist und Seele ist eines der beliebtesten Klischees der Esoterik. Aber es hat einen Haken: Man weiß nicht so genau, was damit gemeint ist. Wo ist hier das in der Esoterik so beliebte Herz? Vergessen? Wie peinlich! Müsste der Mensch nicht eine Vierheit sein aus Körper,

Seele, Geist und Herz? Oder ist mit der Seele das Herz gemeint? Und was ist mit dem Energiekörper? Rätsel über Rätsel. Womit bewiesen wäre, dass das Wesen des Menschen wirklich ein Geheimnis ist.

Körpersprache. *Der Körper lügt nicht. Durch ihn drücken wir unser authentisches Wesen aus, während der Geist die unglaublichsten Tricks drauf hat, um sich selbst und andere zu täuschen.*

Nach vielen Jahren der Diffamierung und Unterdrückung tut es gut zu hören, dass der Körper wieder eine bessere Lobby hat. Aus Freude darüber gehen viele Esoteriker – aber auch viele professionelle Kommunikationstrainer – so weit, ihm die Unfähigkeit zum Lügen anzudichten. Tatsächlich lügt immer auch der Körper mit, wenn der Geist lügt, schließlich wird er (vereinfacht gesprochen) vom Geist gesteuert. Dass der Körper einen Menschen (auch in liebenswerter Weise) »verraten« kann, liegt daran, dass der Geist den Körper eben nicht so gut kontrollieren kann. Der Körper lügt dann nicht so gut, wie der ihn (vermeintlich) steuernde Geist es möchte. Den Körper durch den Körper steuern zu lassen, wie viele gut meinende esoterische und NewAge-Therapien seit den 70er-Jahren es propagieren, das gibt es nicht. Man kann sich von dem Wunsch nach einem guten Körpergefühl steuern lassen, wie die Wellness-Bewegung es propagiert. Das haben wir gestressten Zeitgenossen nur allzu nötig, aber es ist nicht der Körper, der dabei steuert, sondern der hoffentlich einsichtige Geist, der nun endlich dem körperlichen Wohlgefühl einen wichtigen Platz einräumt.

Konvertiten. *Wer gerade erst Einsicht gewonnen hat in das Wesen der Dinge und der Menschen glüht noch vor Begeisterung und ist sehr authentisch. Denen, die schon länger dabei sind, droht Routine und die undankbare Haltung, alles für gegeben zu nehmen.*

In der Religionswissenschaft ist die Euphorie der frisch Konvertierten seit langem bekannt, und es gibt sie auch in der Esoterik. Das sind die, die noch im Honeymoon der frisch gewonnenen Überzeugung dahinschweben. Die Esoterik ist für sie *absolut* richtig – wer da irgendetwas *relativeren* will, wird ignoriert, und wenn das nicht mehr geht, ausgegrenzt. Wer Esoteriker für »auch nur Menschen, mit ihren Stärken und Schwächen« hält, ist für diese frisch Konvertierten »nicht genug im Herzen« und erhält den Zuspruch, das alles eines Tages, wenn es soweit ist, auch noch zu verstehen.

Aus der Stille oder den Gedanken beziehen wir **Kraft.**

Die moderne Esoterik kultiviert »die Kraft«, egal, wofür man Kraft hat und was damit bezweckt wird. Wut gibt einem die Kraft, einen anderen Menschen zu vernichten. Vermutlich ist die allgemeine Verherrlichung von Kraft ein Zeichen subjektiv empfundener Schwäche. Auch die einzelnen Kraftformeln der Esoteriker wie »Kraft der Selbstheilung«, »Kraft der Stille«, »Kraft der Gedanken« erinnern an die Kraftausdrücke von Halbstarken, denen es eben an Kraft mangelt und die sie durch eine solche Kraftprotzerei herbeizurufen versuchen. Kraft der Stille? Unsinn, die Stille ist einfach still, nichts weiter. Kraft der Gedanken? Es gibt auch schwächende Gedanken, je nachdem.

Kraftplatz *ist ein Ort mit besonderer Qualität, den Menschen mit offenem Herzen spüren können. Das können Orte in einer Landschaft sein, aber auch in Gebäuden. Oft wissen die Menschen von alters her um diese Orte und haben dort ihre Kirchen und Tempel gebaut, schamanische Rituale vollzogen oder meditiert.*

Ein Kraftplatz ist ein Ort, an dem sich ein Mensch wohlfühlt. Das kann ein Friedhof sein, der Altar einer Kirche, ein Berggipfel, eine verborgene Quelle, ein Ort, an dem dieser Mensch ungestört lesen kann oder gern meditiert. Empfänglichkeit für die ästhetische Wirkung solcher Orte ist eine schöne Eigenschaft, aber sie ist von Mensch zu Mensch sehr verschieden. Es ist nicht unbedingt der Ort, der eine gerühmte Eigenschaft besitzt, sondern viel wichtiger ist die Beziehung eines einzelnen Menschen oder eines kulturell ähnlich geprägten Kollektivs zu eben diesem Ort.

Naturverbundene Esoteriker treffen auf Trancereisen ihr **Krafttier.** *Das ist ein Geistwesen in Tierform, das ihnen Unterstützung und Rat in Entscheidungssituationen geben kann. Jeder Mensch hat mindestens ein solches Krafttier, es können aber auch mehrere sein, und sie können von einer Lebensphase zur anderen wechseln.*

Das Krafttier ist eine Märchenfigur in Tiergestalt, die stark auf uns einwirken kann, individuell und auch kollektiv. Wer ein solches nicht hat oder nicht findet, braucht deshalb nicht zu leiden. Wer eines (oder seines) findet und daraus »Kraft schöpft« – gut so. »Irre«-Führung durch die Idee eines Krafttiers beginnt erst dort, wo sich der Unterschied zwischen dem echten, leibhaftigen Tier (Bär, Adler, Hyäne, Rabe, usw.) und der Fiktion des Geistwesens dieses Tieres verwischt und der begeisterte Pfadfinder im Zuge dieses Verwischens sich in zu große Erwartungen hineinsteigert oder auch die Wirkung von »Krafftieressenzen« und anderen Handelswaren um diesen schamanischen Kult herum allzu ernst nimmt.

Krankheiten *haben ihren Ursprung häufig oder sogar primär in der Erkrankung des Bewusstseins, der Seele oder des Geistes. Rein körperliche Krankheiten gibt es nicht.*

Es gibt auch rein körperliche Krankheiten, in dem Sinne, wie ein aufgeschürftes Knie eine körperliche Wunde ist, obwohl sie weh tut und damit die Gefühle und den Geist berührt. Oder etwa die Ansteckung durch ein mit Cholera-Bakterien verseuchtes Essen, das ein Gesunder mit einem normal intakten Immunsystem zu sich nimmt. Nicht alles ist psychosomatisch in dem Sinne, dass eine psychische oder geistige Ursache körperliche Symptome erzeugt. Obwohl bei chronischen Krankheiten fast immer die psychischen Faktoren eine große Rolle spielen und die Schulmedizin diese lange unterschätzt hat.

Kristalle *haben aufgrund ihrer chemischen Struktur heilende Kraft.*

Die Kristallgitterstruktur einiger Mineralien hat schon viele Menschen fasziniert. Beim Bergkristall kommt noch die Transparenz hinzu und die funkelnden Oberflächen – ein Wunder der Natur. So ästhetisch reizvoll dieses auch ist, Heilkraft hat es nur für die, die daran glauben. Warum wird der Diamant so sehr verehrt und so hoch gehandelt? Technisch gesehen, weil er das härteste bekannte Mineral ist. Für die Ästheten: weil er so schön funkelt. Für das Brautpaar:

weil er nicht zu zerstören ist, so dauerhaft möge auch die Liebe sein! Die Verehrung der kristallinen Mineralien gegenüber den amorphen könnte auch damit zu tun haben, dass der Mensch das Durcheinander in seinem Innenleben und vielleicht auch in seiner unaufgeräumten Wohnung nicht so gern betrachtet und dann lieber auf den so schönen Kristall schaut, in der Hoffnung, er möge in magischer Weise auch sein Innenleben ordnen.

Wer sich viele Jahre lang eingehend mit Esoterik beschäftigt, erlangt allmählich ein **kritisches Bewusstsein** *und kann dann zum Beispiel ein wirklich gutes Horoskop von den Tageshoroskopen im Boulevard-Journalismus unterscheiden. Auch das Verständnis von Esoterik braucht eben Ausdauer, Vertiefung und eine gewisse menschliche Reife.*

Esoterik-Anfänger meinen mit kritischem Bewusstsein, dass sie etwa »die Schulmedizin« als einseitig materialistische Apparatemedizin zu kritisieren imstande sind und »die Politik« als Machtspiel und Theater der Eitelkeiten. Später dann belächeln sie die »Meisterschaft« des Reiki-Meisters ersten Grades und die Tageshoroskope der Bildzeitung als primitiv, sind aber weiterhin überzeugt, dass Gedanken die Welt erschaffen, Aufschriften auf Wasserbehältern die Wasserstruktur verändern und man sich bei entsprechender Einstimmung an ein früheres Leben als Priesterin auf Atlantis oder Pharaonensohn in Ägypten erinnern kann, was aber ebenfalls Bluff ist. Sie meinen, dass sie Blüten von echtem Geld unterscheiden könnten. Das können sie vielleicht. Ein wirklicher Kenner aber weiß, dass auch echtes Geld Bluff ist, nur eben ein gesellschaftlich so weithin akzeptierter Bluff, dass er funktioniert. Jedenfalls bis zur nächsten Inflation.

L

Das Leben als **Leiden** *zu empfinden ist nur ein Opfertrip. Für den, der sich als Täter sieht, als Schöpfer, ist das Leben pure Freude.*

Sich als Opfer zu empfinden, obwohl man die Freiheit hatte, ein aktuelles Unglück zu vermeiden, das ist tatsächlich ein Opfertrip. Es gibt jedoch Situationen, in denen man leidet und der eigene Einfluss auf dieses Leiden verschwindend gering ist. Das können Krankheiten sein, ererbte Belastungen oder Situationen emotionaler, politischer oder wirtschaftlicher Bedrängnis. Der Freiraum, das eigene Leben zu gestalten, so, wie es einem gefällt, ist mehr oder weniger groß. Eine bessere Beschreibung des menschlichen Lebens ist die, dass wir sowohl Opfer als auch Täter sind und die einzelnen Situationen im Leben mal mehr der einen und mal mehr der anderen Seite zuneigen.

Lemuria *ist ein versunkener Kontinent im indischen Ozean, auf dem eine spirituell hoch entwickelte Zivilisation lebte.*

Auf Atlantis gelebt zu haben ist für heutige Esoteriker fast schon normal. Wer etwas auf sich hält, hat mindestens auch schon in Lemuria gelebt. Diesen Kontinent gibt es jedoch nur in der Fantasie derer, die sich dafür öffnen. Das taten zum Beispiel die Theosophen, aber auch einige Nationalisten des südindischen Landes Tamil.
→ *Atlantis* → *Offenheit*

Lernen. *Du hast dich für die Existenz in diesem Körper entschieden, um etwas zu lernen.*

Gern wird in diesem Zusammenhang auch noch ein »Inkarnationsvertrag« zitiert, gemäß dem sich die Seele für diese Existenz in diesem Körper, geboren von diesen Eltern unter diesen sozialen Umständen entschieden hat. Ein gutes Mittel gegen die Angewohnheit des Jammerns. Allerdings gibt es auch Unglücksfälle, bei denen sich niemand etwas gedacht hat, jedenfalls nicht, um jemandem damit etwas beizubringen.

Levitation *ist die Gegenkraft zur Gravitation. Sehr weit fortgeschrittene Menschen können levitieren, wie das zum Beispiel die TM-Schüler beim »yogischen Fliegen« gezeigt haben.*

Bisher ist eine solche Gegenkraft zur Gravitation nicht bekannt. Zentrifugalkräfte, ja, die gibt es, hohe Sprünge von Tänzern, Raketen, die mit Düsenantrieb gewichtige Festkörper in die Erdumlaufbahn befördern, aber keine Levitation. Als die TM-Schüler von Maharishi Mahesh Yogi großartig PR für das »Yogische Fliegen« machten, zeigte sich, dass da nicht mehr als ein Hopsen war, das weißgekleidete Meditations-Posierer da vor den Kameras aufführten. Meditation als Hopsen?
→ ***Meditation***

Das Gute in der Welt ist das **Licht.**

Dunkelheit kann genauso gut sein wie Licht, es kommt auf die Umstände an. Wurzeln brauchen Dunkelheit, die meisten Pflanzenkeime brauchen sie, ebenso der menschliche Embryo, und wir schätzen sie sehr, wenn wir schlafen wollen.

Als Metapher für das Bewusstsein hat Licht allerdings viele Vorzüge, denn vieles spricht dafür, dass ein bewusstes Tun (umfassender: ein bewusstes Sein) im Leben der Menschen ethisch betrachtet besser ist als ein unbewusstes.

Lichtarbeiter *sind die wahren Adeligen (Aryas) unter den Menschen, die Avantgarde der Evolution des Bewusstseins.*

Es gibt viele Arten von menschlich-ethischem Adel, die meisten davon haben von »Lichtarbeit« noch nie etwas gehört und würden deren Ideologie auch nicht unterschreiben. Unter denen, die sich »Lichtarbeiter« nennen, gibt es viele, die das Dunkle, Unerwünschte verdrängen (ihre »blinden Flecken«) und sich als Anhänger eines esoterischen Weltbildes bereits unter den Besseren wähnen – beides keine Anzeichen für wahren Adel.

Lichtnahrung. *Nur in seiner niederen Form der Existenz ist der Mensch auf physische Nahrung angewiesen. Fortgeschritten spirituellen Menschen genügt Lichtnahrung.*

Dieser esoterische Irrtum hat bei größenwahnsinnigen Abenteurern schon schlimme gesundheitliche Folgen gehabt, vor allem deshalb, weil in den Wochen des »Lichtnahrungsprozesses« (nach der Australierin Jasmuheen) auch auf das Trinken verzichtet wurde. Jasmuheen selbst, die Erfinderin oder jedenfalls bekannteste Missionarin dieser Methode ist bei einem Versuch, unter Aufsicht die Glaubwürdigkeit dieser Methode zu testen, ausgeschieden. Es gibt also keine Belege dafür, dass der Mensch von Licht allein leben kann. Seit es dabei Todesfälle gab, hat auch Jasmuheen aufgehört, für Lichtnahrung zu werben. Unbestritten ist, dass

Fasten zu tiefen spirituellen Einsichten führen kann und unter Umständen auch gesundheitlich positiv zu bewerten ist, vor allem bei Übergewicht.

Lichtwesen/Lichtwesenessenzen → *Aufgestiegene Meister*

Liebe *ist bedingungslos, nur dann ist sie echt.*

Auch Liebe, die Bedingungen stellt, kann tief und echt sein. Das (genau genommen nie erreichte) Ideal der Liebe ist allerdings die Bedingungslosigkeit. Ein so Liebender liebt auch die größten Schlächter der Menschheit, wie etwa Hitler, Stalin, Mao und Pol Pot. Für die meisten Fälle unserer normalen Liebessehnsucht ist eine solche Liebe also eher nicht zu empfehlen. Ein praktischer Ansatz wäre der: Das Wesen der Liebe ist bedingungslos, aber die Liebe braucht Rahmenbedingungen, um sich gut entfalten so können.

Loslassen *ist besser als Festhalten.*

Es kommt auf die Bewertung an. Gutes soll man Festhalten, Schlechtes Loslassen. Das Loslassen etwa einer anspruchsvollen Ethik, eines guten Freundes, einer gesunden Lebensführung ist nicht gut.

M

Magie. *Das Universum ist ein Ganzes und auf magische Weise miteinander verbunden. Wer Zugang zu den Gesetzen der Magie bekommt, kann deshalb viel mächtiger wirken als unsere Naturwissenschaften es für möglich halten.*

Dies ist eine der Grundüberzeugungen der Esoterik. Sie wird von der Wissenschaft als »voraufklärerisch« oder »vorwissenschaftlich« (A. Comte) bezeichnet, das heißt einem Frühstadium der menschlichen Entwicklung zugeordnet, sei es kulturgeschichtlich (Naturreligionen, Animismus) sei es individualgeschichtlich (das Kind als magiegläubiges Wesen). Ken Wilber unterscheidet eine prärationale Phase, in der (kulturell und individuell) an Magie geglaubt wird, von einer transrationalen, in der die Welt als Ganzes in ihrem Zusammenhang gesehen wird. Die Teile der Welt sind miteinander verwoben, aber nicht in naiver Weise magisch beeinflussbar, so wie ein Kind sich das vorstellt und wie unsere Märchen mit ihren Geschichten von Zauberkräften es suggerieren. Wenn nicht esoterikgläubige Erwachsene heute Shows von Zauberkünstlern wie Uri Geller oder David Copperfield besuchen, glauben sie dabei meist nicht wirklich an deren magische Kräfte, setzen sich aber doch gern dem Kitzel aus, dass dabei etwas Übernatürliches mit im Spiel sein könnte.

Ein **Mantra** *ist eine Zauberformel, die über den Klang wirkt. Durch seine positive Schwingung hat es die Kraft, den zu transfor-*

mieren, der es vom Herzen her in sich aufnimmt, rezitiert oder chanted.

Tendenziell ist es so, dass Mantren für genau die Menschen positiv wirksam sind, die an sie glauben, wobei der Glaube, dass es sich um das für die Situation oder Person genau richtige Mantra handelt, die Wirkung verstärkt. Hinzu kommt, dass das gemeinsame Singen oder Rezitieren die Gruppenbindung erhöht und der Mensch sich als soziales Wesen in der Gruppe, in der alle das Gleiche tun – und das Gleiche fühlen – meist gut aufgehoben fühlt. Der weit verbreitete Irrtum besteht darin, dass es spezifische Laute oder Klänge sein müssen, um die gesuchte Wirkung zu erzielen. Wichtig ist dabei nur, dass sie sanktifiziert sind, das heißt, von in der Gruppe anerkannten Autoritäten heilig gesprochen. Ohne eine solche Sanktifizierung haben die Mantren keine besondere Wirkung, das heißt, keine über das Wohlgefühl des gemeinsamen Summens und Sprechens hinausgehende. Der Glaube, dass hier »positive Schwingungen« herrschen würden, ist eine Fiktion, allerdings eine sehr wirksame.

Der **Materialismus** *verleugnet das Geistige und meint, das Materielle bestimme alles. In Wirklichkeit sind Geist und Bewusstsein die Ursache von allem und außerdem viel wertvoller als das Materielle.*

Esoteriker, die das Geistige (das Bewusstsein) zur »materia prima« machen (Aristoteles) sind genauso einseitig wie die Materialisten. Zudem ist »Materialismus« ein ungenauer Begriff: Mal sind damit die gemeint, die nur hinter dem Geld her sind – wobei Geld doch durchaus etwas sehr Geistiges, ideell und ideologisch Festgelegtes, rituell in der Gesellschaft Verankertes ist. Mal sind damit die Schulmediziner gemeint, die von Psychosomatik nichts wissen wollen oder sie leugnen und immer nur Pharmaka verabreichen, anstatt die Seele zu behandeln. Mal sind damit die Philosophen gemeint, die (wie Marx) sagen »Das Sein bestimmt das Bewusstsein« oder die Gehirnforscher, die, wenn im Gehirn ein Gedanke auftritt (das kommt ja auch bei ihnen gelegentlich vor), dann gleich einen Oszillographen anschließen, der messen soll, welche Neuronen und Synapsen dabei aktiv sind. Auch, was die Bewertung angeht, ist die Haltung der Esoterik gegenüber dem Materialismus zwiespältig: Der Besitz eines schnellen Autos (kurioserweise auch eine hohe Ziffer im Plus eines Bankkontos) gelten als Zeichen von Materialismus, ein Bergkristall im Zimmer und ein Regal mit Bachblütenessenzen hingegen nicht.

Was wir für Realität halten ist nur **Maya**, *Illusion, Traum. Es gibt keine Wirklichkeit.*

→ ***Projektion***

Maya-Kalender → *2012*

Meditation *ist die spirituelle Praxis des Sich-Versenkens in einen göttlichen Zustand.*

Es gibt keine speziell göttlichen Zustände. Sonst müsste es auch ungöttliche oder gottlose Zustände geben. Wenn Gott allmächtig und überall ist, dann kann es das nicht geben. Zudem kennen viele Meditierende keinen Gott, speziell bei den Buddhisten taucht er gar nicht auf und auch nicht »das Göttliche«. Außerdem: Wie sollte »ich« »mich« versenken können? Wer würde da wen versenken? Da müsste ich mich doch vorher spalten in den einen Teil, der versenkt und den anderen, der versenkt wird. Das geht so wenig wie es Münchhausen gelang, sich am eigenen Schopf aus dem Sumpf zu ziehen. Sinnvoller ist es, Meditation als die Praxis der Achtsamkeit zu verstehen. Achtsam sein kann man immer, und fast immer ist es gut, achtsam zu sein. Wenn man sagt »Ich geh jetzt meditieren« oder »Ich mache eine tägliche Meditation«, dann meint man aber meist nicht die allgemeine Praxis der Achtsamkeit im Alltag, sondern eine Extra-Praxis, die zum Beispiel darin besteht, sich einmal am Tag – idealerweise zur selben Zeit am selben Ort – still hinzusetzen und nichts zu tun. Außer vielleicht den Atem zu verfolgen, wie er in die Lunge ein- und wieder ausströmt. Nichts weiter.

Das **Medizinrad** *ist ein Steinkreis, den es in vielen Kulturen der Welt gibt, insbesondere bei den nordamerikanischen Indianern. Er symbolisiert die Zyklen in der Natur und im Leben des Menschen. Wer in einem solchen Kreis steht und sich für seine Energien öffnet, spürt die Ganzheitlichkeit des Lebens.*

Der Kreis ist ein schönes Symbol, sei er nun aus Steinen oder nicht. Die »Ganzheitlichkeit« (besser: Ganzheit) des Lebens spüren kann man jedoch auch in eckigen Räumen oder auf einer Fläche ohne Steine. Steinkreise sind Inszenierungen, die imstande sind, Gefühle zu wecken. Aber auch andere Gegenstände können das. Wie sie angeordnet sind, spielt dabei eine große Rolle. Die Wirkung hängt vor allem von der Prägung des Empfängers ab.

Nur durch einen spirituellen **Meister** *kannst du die volle Erleuchtung erlangen. Wenn du den spirituellen Weg alleine gehst, wirst du nicht weit kommen, denn du wirst dann alles nur durch die Brille deines Ego betrachten.*

Dies ist ein weit verbreiteter esoterischer Irrtum. Es hat keine speziellen Autoren. Der historische Buddha ist wohl der am weitest reichende anerkannte spirituelle Lehrer, den die Menschheit je hatte. Er ist einer der vielen, die die Erleuchtung nicht durch einen Meister erlangten. Seinen ersten spirituellen Lehrer verließ Gautama Siddharta, als er erkannt hatte, dass er von ihm nichts mehr lernen konnte und suchte dann alleine weiter. Schließlich erkannte er, dass auch Fasten und Askese ihn in seiner Entwicklung nicht weiterbrachten, daraufhin verließen ihn sogar seine alten Weggenossen, für sie war er nun ein Abtrünniger. Manche Menschen kommen allein weiter, andere in Begleitung, und auch das ist nicht in allen Lebensphasen gleich.

Durch **mentales Training** *kann man die riesigen, ungenutzten Ressourcen unseres »mind« oder »brain« (Verstand, Gehirn) aktivieren. Wir nutzen nämlich normalerweise nicht einmal 10% davon.*

Ja, das ist möglich – wenn man es kann. Wer allerdings zu bequem dazu ist, wird auch durch mentales Training seine Bequemlichkeit nicht überwinden können, weil er halt zu bequem dazu ist. Viele der Behauptungen der Esoterik sind sich selbst erfüllende, sich selbst vernichtende oder sich selbst ad absurdum führende Behauptungen und können insofern als »magisch« bezeichnet werden. Übrigens betrachtet die Psychologie die Tatsache, dass wir nur einen geringen Teil unserer mentalen Fähigkeiten nutzen, u. U.

durchaus als positiv: Unnützes blenden wir aus (selektive Wahrnehmung), und auch das Erniedrigende, das Ego erschütternde, wird gern ausgeblendet und kann uns so vor dem Verlust von Selbstwertschätzung und möglicherweise einer Depression bewahren. Blinde Flecken blind zu lassen kann durchaus auch Vorteile haben.

Meister → *Guru*

Meridiane *sind Energielinien, auf die sich die Traditionelle Chinesische Medizin bezieht.* → ***TCM***

Metamorphose → *Transformation*

Moksha *ist die endgültige Befreiung und Erlösung von allen weltlichen Bindungen. Für den nach Spiritualität Strebenden ist sie der einzige Zweck seines Daseins.*

Das ist die Darstellung des traditionellen Hinduismus und vieler anderer sprituellen Richtungen. Tatsächlich aber vermischt sich im Leben eines jeden Menschen – auch des spirituellen – verschiedenes Streben, darunter auch nach Gesundheit, Vergnügen, Lust oder Reichtum. Spirituell Strebende ordnen hierbei die Prioritäten neu; sie können jedoch nicht auf das Streben nach den »weltlich« genannten Zielen verzichten, ohne sie zu unterdrücken oder anderswie systemisch zu verschieben.

Der **Mond** *wirkt viel stärker auf unser Leben ein als unsere verstandesorientierte Kultur es wahrhaben will. Je nachdem, ob Voll- oder Neumond ist, zunehmender oder abnehmender, ändern* *sich unsere Gefühle, unsere Bereitschaft zu Annäherung oder Rückzug, zu Unfällen oder Schwierigkeiten aller Art, und auch das Pflanzenwachstum und z. B. unser Haarwuchs hängen davon ab.*

Der Mond wirkt auf die Gezeiten ein, und wenn wir bei klarem Himmel nachts hochschauen und es ist Vollmond, dann ist das eine ganz besondere Stimmung. Auf den Haarwuchs (Friseurtermin), das Pflanzenwachstum (Zeit zum Säen), den Beginn oder das Ende unserer Beziehungen aber wirken sich die Mondphasen nur dann aus, wenn wir daran glauben. Auf die Menstruation kann sich der Mondzyklus auswirken, tut das aber durchaus nicht immer, und auch bei einer solchen Angleichung des Rhythmus hilft vermutlich der Glaube daran.

Der Begriff **Moral** *ist unsinnig und dient nur der Unterdrückung; echte Weisheit bewegt sich jenseits von Gut und Böse.*

Eine Moral ist das jeweilige System ethischer Regeln einer bestimmten Kultur zu einer bestimmten Zeit. Dieses System bewertet, was gut oder schlecht ist und stellt den Konsens einer Kultur oder Subkultur hierüber dar. Das System als Ganzes aber kann ebenfalls als gut oder schlecht bewertet werden, vom Metasystem einer übergeordneten Ethik. Diese kann kriegerische oder grausame Kulturen (mit ihren Moralsystemen) als schlecht und humane, friedliche als gut bewerten. Entscheidend für eine solche übergeordnete ethische Bewertung könnte etwa sein, ob diese ganzen Moralsysteme dem Glück der Menschen dienen oder es behindern. Auch weise Menschen bewegen sich nicht jenseits von Ethik und Moral – im Gegenteil: Sie wissen um die Relativität von Moral und Glück, Schuld und Freiheit.

→ ***Ethik***

Morphogenetisches Feld. *Da das ganze Universum untereinander verbunden ist, können sich Formen auch auf nicht materiell nachvollziehbare Weise innerhalb morphischer oder morphogenetischer (Formen erschaffender) Felder übertragen.*

Der von dem Cambridge-Biologen Rupert Sheldrake propagierte Begriff des »morphogenetischen Feldes« ist unter Esoterikern zu einem geflügelten Wort mit einem sehr breiten Anwendungsspektrum geworden. Man erklärt damit Gedankenübertragung ebenso wie die Übertragung des Kartoffelwaschens bei Affen auf japanischen Inseln und die Entstehung der Formen von Pflanzen, wenn sie sich, ausgehend von der Keimzelle zu Blatt oder Stängelzellen ausdifferenzieren. Die von Sheldrake vorgetragenen Thesen finden unter Wissenschaftlern bisher kaum Zustimmung, weil sie entweder nicht falsifizierbar sind oder keine Bestätigung finden. Esoteriker hingegen bedienen sich ihrer gern.

Mukti *ist ein Mensch, der Moksha erreicht hat.*

→ *Moksha* → *Verwirklichung*

Muskeltest → *Kinesiologie*

Mysterienschulen *sind Schulen, in denen man in die okkulten Gesetze des Universums eingeweiht wird; solche wie das »Gesetz der Anziehung«. Nur dafür reife Menschen werden dort aufgenommen, und ihre Absolventen haben übernatürliche Fähigkeiten.*

So etwas wie Hogwarts Zauberschule bei Harry Potter? Wer sich damit schwer tut, Innen- und Außenwelt zu unterscheiden, weil doch »alles eins« ist und »innen wie außen, außen wie innen«, wird auch Fakt und Fiktion nicht gut unterscheiden können und dann Gefahr laufen, auf mystifizierende Zauberer wie Uri Geller hereinzufallen, auf philippinische Heiler, die ohne Eingriff operieren oder auch auf Fernheiler. Echte Mysterienschulen lehren keine Zauberkünste, sondern Einsicht in das, was »ich bin«. Eher so wie bei Sokrates als wie in Hogwarts.

Mystische Erfahrung. *Spirituelle Menschen haben tiefe mystische Erfahrungen. Sie können Energien wahrnehmen, Engel oder Elfen, die Aura eines Menschen, eine die Zukunft betreffende Intuition, oder sie channeln »aufgestiegene Meister«.*

Dies ist einer der schwerwiegendsten und folgenreichsten Irrtümer der Esoterik. Die genannten Erfahrungen sind Intuitionen, Halluzinationen oder Fantasien, aber keine mystischen Erfahrungen. Eine mystische Erfahrung ist die vorurteilsfreie, von keinem Konzept und keiner Erwartung eingeschränkte Wahrnehmung der Wirklichkeit. Sie kann jederzeit stattfinden und sich auf innere wie auf äußere (also sinnlich wahrnehmbare) Objekte richten oder auch ohne Objekt sein. Die Unvoreingenommenheit besteht darin, dass bei einer solchen Erfahrung das Subjekt keine (geistige) »Brille« mehr trägt, durch die es die Welt sieht, also bei der Betrachtung auch keine Selektion in Erwünschtes und Unerwünschtes, Akzeptables und Inakzeptables mehr vornimmt. Typisch für solche Erfahrungen ist, dass Außen- und Innenwelt dabei als eins empfunden werden, so als sähe man »da draußen« nur einen Teil der Innenwelt oder als seien das Ich und das Universum eins. Eine mystische Erfahrung ist also kein Wegdriften in eine andere Welt und eigentlich nicht einmal ein den Ethnologen und Religionswissenschaftlern

bekannter »altered state of consciousness« (ein entrückter Bewusstseinszustand), sondern sie bedeutet das unprätentiöse Hiersein, also eher das Gegenteil von Entrückung.
→ ***altered state of consciousness*** → ***Entrückung***

Mystifizierung. *Menschen wie Uri Geller und andere Esoteriker sind aufgrund ihrer außergewöhnlichen Fähigkeiten imstande, die Welt für uns wieder zu verzaubern: Sie mystifizieren sie und bringen uns so der mystischen Erfahrung näher, die Welt wieder mit dem Staunen eines Kindes zu erleben.*

Menschen wie Uri Geller und andere Zauberer sind Mystifizierer, keine Mystiker. Das ist ein großer Unterschied. Der Mystiker sieht die Welt, wie sie ist. Der Mystifizierer sieht sie durch die Brille des Verstandes, getrennt in Subjekte und Objekte und tausend andere Dinge, will sich aber gern wieder fühlen wie ein staunendes Kind und verzaubert sie deshalb neu. Er arbeitet mit Tricks, die wie Nebelwerfer auf der Bühne die Welt wieder geheimnisvoller erscheinen lassen. Die Medien sprechen dann davon, dass alles »wie in ein mystisches Licht« getaucht ist. Das ist Mystifizierung, nicht Mystik. Mystik nimmt den Schleier von der Welt, Mystifizierung legt über die bereits verschleierte Welt noch einen weiteren Schleier, damit sie wieder zauberhaft aussieht.

Mythen. *Unter der sichtbaren Oberfläche der Welt gibt es eine tiefere, wirklichere und wirksamere, die mythische Wirklichkeit. Manche Schamanen nennen sie die »Anderswelt«.*

Mythen sind mächtig, sie wirken stark auf unser Bewusstsein, unsere Kultur und Gesellschaft. Jede Kultur hat ihre eigenen Mythen und ist stark davon geprägt. Es gibt allerdings keinen Grund, die mythische Welt für eine wirklichere oder tiefere Parallelwelt zur sinnlich wahrnehmbaren zu halten.

→ ***Anderswelt***

N

Der **Narr** *ist im Tarot die höchste Karte. Er symbolisiert den Leichtsinnigen oder Taugenichts, der uneingeschränkt dem Leben vertraut und so der eigentlich Weise ist.*

Das ist beinahe richtig. Mit dem Unterschied, dass es eine naive und eine weise Narrheit gibt. Der naive Narr hat das Wissen und die Unterscheidungsfähigkeit noch nicht kennen gelernt, der weise Narr hat sie bereits überwunden und kann nun wieder leichtsinnig sein.

Die **Natur** *ist unsere Heimat und unsere größte Quelle von Erholung, Wohlbefinden und spiritueller Erneuerung. Deshalb müssen wir sie schützen, die innere ebenso wie die äußere Natur.*

Das ist nicht ganz falsch. Das Schwierige daran ist aber, dass die einen unter Natur dies und die anderen jenes verstehen. Vor allem bei dem Begriff der inneren Natur sind die Unterschiede im Verständnis groß. Ist es für den Menschen natürlich, Fleisch zu essen? Ist es natürlich zuzuschlagen oder mit Worten anzugreifen, wenn man Wut empfindet? Ist es natürlich zu weinen und sich zurückzuziehen, wenn man traurig ist? Die Natur pauschal zu romantisieren oder gar zu heiligen ist Unsinn, zumal dann, wenn unklar ist, was man genau darunter versteht.

Naturheilmittel. *Die Natur heilt! Sie ist das eigentliche Heilmittel. Zu seiner eigenen Heilung kann der Mensch eigentlich nichts beitragen, außer sich demütig der Natur anzuvertrauen. Auch der Arzt ist nur ein Helfer oder Vermittler der Heilkraft der Natur.*

Das ist eine sehr romantische Darstellung des Sachverhalts. Das Problem dabei ist, dass der Begriff »Natur« ein sehr schwammiger ist. Auch geschickte Chirurgenhände kann man als Wunder der Natur betrachten und ein Gehirn, das sich Seuchenhygiene oder so etwas wie Penicillin auszudenken imstande ist. Was, wenn die Pest oder Cholera die Schwächsten dahinrafft, die Widerstandsfähigsten aber überleben lässt? Auch das ist Natur. Und was, wenn ein 60-Jähriger einen Herzinfarkt hat, eine 80-Jährige an Krebs erkrankt? Wäre es da nicht »natürlich«, sie sich selbst zu überlassen, anstatt einen Eingriff vorzunehmen? Die Natur ist nicht immer gut, und sie dient uns oft als Ausrede für ein Verhalten, das wir sonst nicht zu rechtfertigen wüssten. Besser, wir tun, was uns gut tut, anstatt uns bei ethischen Entscheidungen auf den schillernden Begriff der Natur zu beziehen.

Neues Denken/Neues Zeitalter → *Alt/neu*

Das **NewAge** *oder Neue Zeitalter bringt uns Menschen Freiheit, Glück, Liebe und Frieden, weil wir nun wissen, dass wir nicht alleine sind, zusammen gehören und die Lösung in der Innenwelt liegt, nicht in der Außenwelt und weil wir nun das »Gesetz der Anziehung« kennen.*

Manche datieren den Beginn des Neuen Zeitalters astrologisch (Fische/Wassermann), andere nach dem Mayakalen-

der, der die Zeitenwende (oder das Ende aller Zeit?) für das Jahr 2012 ankündigt. Eine astrologische Wendezeit ist bisher ebenso wenig erkennbar wie das Jahr 2000, trotz aller Magie der großen Zahl, eine Wende gebracht hat. Vermutlich wird das auch 2012 nicht anders sein. Schon immer waren religiöse Menschen durch solche Prophezeiungen leicht zu beeindrucken, das war zu Jesu Zeiten nicht anders als heute. Jesus selbst, der posthum gegen seinen Willen zum Begründer des Christentums gemacht wurde, glaubte, das Reich Gottes würde noch zu seinen Lebzeiten kommen – die Zeugen Jehovas glauben heute Ähnliches. »Eschatologien« heißen diese »Lehren von den letzten Dingen«, mit denen sich religiöse Menschen wie Esoteriker so gern beschäftigen.
→ ***Wassermannzeitalter***

Numerologie. *Die Mathematik zeigt nur einen oberflächlichen Umgang mit Zahlen. Viel tiefer geht die Zahlenmystik oder Numerologie. Sie kann einem zum Beispiel auch helfen, die verborgene Bedeutung eines Namens zu entdecken, in dem sie den Buchstaben eines Namens Zahlen zuordnet und diese dann numerologisch analysiert. Ebenso entspricht einem Geburtsdatum aufgrund der Zahlen (Tag, Monat, Jahr) eine Bedeutung, die etwas über den an jenem Tag Geborenen aussagt.*

Der Glaube an die okkulte Bedeutung der Zahlen ist uralt, die Beweise dafür fehlen jedoch bis heute. Wer das allerdings als Gesellschaftsspiel ansieht, kann damit viel Spaß haben.

O

Objektivität *gibt es nicht.* → ***Anderswelt***

Offenheit. *Offen zu sein, insbesondere für Energien, Schwingungen und die Herzensenergie, ist eine unentbehrliche Eigenschaft für den Esoteriker von heute. Schlimm ist es hingegen, verschlossen zu sein, »zu« zu sein.*

Ob ein Mensch offen ist oder nicht, sagt noch gar nichts, die Frage ist: wofür. »Du bist so offen, dass es reinregnet«, habe Karlfried Graf Dürckheim zu allzu überschwänglich »offenen« Esoterikern gesagt, heißt es. Es gibt viele »Energien«, denen gegenüber ich mich lieber »verschließe«, dazu gehört auch das exzessive Geschwafel über unspezifische Offenheit.
→ ***Energien***

Okkultismus. *Okkultismus ist die Kunst des rituellen Umgangs mit verborgenen Kräften, die den exakten Wissenschaften nicht zugänglich sind.*

Diese Kunst wird zwar betrieben, im Verborgenen ebenso wie öffentlich, aber ob die Ergebnisse mehr sind als bloße Einbildung, ist umstritten. Die meisten Wissenschaftler jedenfalls halten die so genannten okkulten Phänomene für Wahrnehmungstäuschungen.
→ ***Magie*** → ***Geheimnis***

Om *ist der heilige Laut, in dem das ganze Universum verborgen und aufgehoben ist und zum Schwingen kommt. Wer dieses heiligste aller Mantren summt, überschreitet Zustände des Wachens, Schlafens und Träumens und erreicht tiefen Frieden.*

»Om« zu summen tut gut. Um darin aber das ganze Universum zu spüren, muss man von einer der großen indischen Religionen (Hinduismus, Dschainismus, Buddhismus) geprägt sein. Dann, ja, dann spürt man das!

Orakel. *Die Esoterik weiß eine Vielfalt von Methoden, mit denen geweissagt werden kann. Diese, oder die sie Anwendenden oder die Orte, an denen das gelingt, nennt man Orakel.*

Orakel sind Methoden der Kunst des Wahrsagens. Eine davon stammt aus dem altchinesischen »Buch der Wandlungen«, dem I Ging.
→ ***Wahrsagen*** → ***I Ging***

Orgonenergie *ist die von Wilhelm Reich (wieder)entdeckte Lebensenergie, die sich in Vitalität und Lebenslust und am stärksten im ungehemmten Orgasmus ausdrückt. Das Metallgehäuse des von Reich entwickelten und so genannten Orgonakkumulator ist imstande, diese Energie zu verstärken.*

Die Orgonenergie wird auch mit dem indischen Begriff des Prana und dem chinesischen des Chi verglichen und gilt unter Esoterikern allgemein als die von der Naturwissenschaft ignorierte Lebensenergie. Sie ist jedoch im unbefangenen Vergleich nicht nachweisbar. Wer daran glaubt, der spürt sie.

P

Die **Palmblattbibliotheken** *aus Südindien und Sri Lanka sind etwa 5.000 Jahre alt und enthalten wahre Aussagen über das Leben all derer, die heute dort hinkommen und fragen. Dort steht sogar, wie lange der Fragesteller leben wird.*

Das ist eine in Indien, vor allem Südindien heute noch gebräuchliche Variante der Orakelkunst. In eigens dafür gebauten Bibliotheken stehen auf Palmblättern in Alttamil oder Sankskrit Daten über Einzelpersonen, wie etwa deren berufliches oder familiäres Schicksal. Die Befragung läuft so ab, dass der Fragesteller seinen Namen und Geburtsdatum nennt. Dann wird das entsprechende Palmblatt herausgesucht, von einem darin geschulten »Nadi-Leser« gelesen und für die Kunden interpretiert. Kostenpunkt: circa 25 Euro. Die Aussagen des Interpreten sind dabei in etwa so vage und vieldeutig wie bei einem Geburtshoroskop. Wenn es dem Interpreten gelingt, in der Interaktion mit seinen Kunden mehr über sie zu erfahren und er sehr einfühlsam ist, dann kann die Sitzung neben den üblichen Allerweltsaussagen und dem geschickt Erratenen durchaus auch spezifische Aussagen enthalten, die wahr sind.

Paranormale Fähigkeiten *sind Eigenschaften spirituell fortgeschrittener Menschen.*

→ ***Telekinese*** → ***Telepathie***

Paradoxon. *In seinem tiefsten Kern ist das esoterische Wissen paradox.*

Schön wär's, wenn die Esoterik sich auf das beschränken würde, was wirklich paradox ist! Das sind die Aussagen des Menschen über sich selbst, eines Subjekts über sich selbst: Alle rückbezüglichen Aussagen sind paradox. In der griechischen Antike nannte man dafür als Beispiel die Aussage eines Bewohners von der Insel Kreta: »Alle Kreter lügen.« Wenn sie mit jeder ihrer Aussagen lügen, dann ist auch diese Aussage eine Lüge, also falsch. Wenn sie aber falsch ist, dann lügen nicht alle Kreter, dann könnte die vorliegende Aussage also wahr sein.
Tatsächlich beschäftigt sich die heutige Esoterik aber überwiegend mit Aussagen, die nicht rückbezüglich sind, wie etwa »Ich habe schon mal auf Atlantis gelebt«, »Gestern hat mein Schutzengel mich gerettet«, »Wenn ich dir die Hände auflege, geht deine Prüfungsangst weg« und Ähnlichem. Diese Aussagen sind nicht paradox. Wenn dabei Widersprüche auftreten und man beruft sich auf die Paradoxie »im tiefsten Kern« der Esoterik, so ist das eine Ausrede.

Physiognomik. *Aus dem Gesicht eines Menschen kann man seine Charaktereigenschaften erkennen.*

Kaum. »Bis 40 kann man noch seine Eltern für das eigene Aussehen verantwortlich machen, ab dann ist man selbst dran Schuld.« Sofern diese Volksweisheit wahr ist, kann man aus dem Aussehen eines Menschen, insbesondere seinem Gesicht, viel über ihn, sein Leben und seinen aktuellen Charakter herauslesen. Die Physiognomik aber versucht, aus Konstanten wie der Höhe der Stirn, der Länge der Nase und der Form der Ohren auf charakterliche Fähigkeiten und sogar Laster und Tugenden zu schließen. Die Chancen auf Treffer sind dabei sehr gering.

Placebo. *Die Naturwissenschaft begeht den Fehler, die Wirkung von Medikamenten und anderen Wirkstoffen mit der von Placebos (Scheinmedikamenten) zu vergleichen. Wenn das zu untersuchende Medikament bzw. die Heilmethode nicht signifikant stärker wirkt als das Placebo (das auch eine Scheinbehandlung sein kann), dann wird die Anwendung als Scharlatanerie bezeichnet, obwohl sie doch nachweislich hilft.*

Ja, so geht die Wissenschaft vor, aber diese Vergleichstests sind kein Fehler, sondern mit das Beste, was die medizinische, pharmazeutische und auch die psychologische Wissenschaft zu bieten haben. Der Begriff der »Scharlatanerie« ist allerdings nicht wissenschaftlich, sondern entwertend und unfair, denn die Anwendung von Placebos und anderen Methoden der geistigen Heilung haben viele Vorzüge. Es gibt Meta-Untersuchen (Untersuchungen von Untersuchungen), nach denen Placebos im Durchschnitt etwa 70 % der Wirkung der so genannten echten Behandlungen erreichen. Das heißt, der subjektive Eindruck des Patienten, dass er an einer Heilbehandlung teilnimmt, macht bereits 70 % der Wirkung aus, die objektive Wirkung des Medikamentes (oder in der Chirurgie, des echten Eingriffs) nur noch weitere 30 %. Das heißt: 70:30 im Endspiel um den Weltcup Geist gegen Materie! Placebo-Medikamente und Verfahren könnten etliche schulmedizinische Medikamente mit ihren oft sehr starken Nebenwirkungen ersetzen, wenn die Methoden der Geistheilung mehr geschätzt würden. Es gibt übrigens auch Placebo-Chirurgie (lat. *placebo* heißt »ich werde gefallen«). Damit sind Behandlungen gemeint, bei denen der Patient den

Eindruck hat, chirurgisch behandelt worden zu sein, obwohl das nicht der Fall ist. Die Wirkung solcher Schein-Behandlungen ist unvergleichlich viel besser als der Krankheitsverlauf ohne Behandlung, in vielen Fällen allerdings ungefähr gleich gut wie der bei echter Chirurgie. Die meisten chirurgischen Verfahren sind nicht placebo-getestet.
→ ***Geistheilung***

Das Gesetz der **Polarität** *regiert alles im Universum. Es besagt, dass jeder Kraft eine Gegenkraft entspricht.*

Welche aber ist stärker, die Kraft oder die Gegenkraft? Und kann die Kraft oder Gegenkraft auch mal gegen Null gehen? Dann lässt sich damit alles und nichts begründen. Diese Aussage ist also kein Gesetz, jedenfalls kein Naturgesetz; sie ist ja nicht falsifizierbar. Dass »alles irgendwie« auch sein Gegenteil hat, das stimmt zwar, aber das liegt eher an unserer Sprache (und unserer durch sie geprägten Wahrnehmung) als an der Wirklichkeit, die sie zu beschreiben beansprucht. Denn wenn ich meine Aufmerksamkeit auf etwas richte, ist mir bewusst, dass es auch das Gegenteil geben muss, sonst könnte ich die Anwesenheit dessen, worauf ich mich da gerade fokussiere, ja gar nicht bemerken.

Politik *ist das Terrain der Menschen, die an Ruhm und Macht interessiert sind und die Geheimnisse des Inneren und der Polarität (innen wie außen, außen wie innen) ignorieren.*

Die Verdrängung des Politischen aus den heiligen Hallen der Esoterik und seine Verleumdung als nur machtinteressiert führt zu dem bekannten und vielfältigen Gezänk der esoterischen Richtungen und Institute untereinander. Wer die Themen Macht und Ruhm/Reputation per Verdrängung dem verleumdeten Ressort der Politik zuweist, hat in den eigenen Reihen umso mehr damit zu kämpfen. Denn das Verdrängte drängt sich ja früher oder später doch an die Oberfläche. Politik ist nicht »sauber«, das wissen wir alle, aber die Esoterik und die Religionen sind es auch nicht. Also kein Grund, sich auf die weiße Weste zu klopfen, es sei denn, man praktiziert Klopftherapien.

→ ***Klopftherapien***

Pop-Esoterik. *Esoterik enthält die tiefste Weisheit des Menschen, wie sie Philosophien und Religionen der Menschen über die Jahrtausende tradiert haben. Allerdings ist nicht jeder Mensch bereit und fähig, diese Weisheit zu verstehen und in sich aufzunehmen. Außerdem stellt sie eine Gefahr dar für das Machtinteresse religiöser und weltlicher Autoritäten, denn sie ermächtigt den einzelnen, indem sie ihn zum Weisen macht. Deshalb musste der Kern der Esoterik seit je geheim gehalten werden.*

Schön wär's. Ist aber nicht so. Fast alles, was heutzutage Esoterik genannt wird, ist Pop-Esoterik, eine mit den modernen Massenmedien und unserer heutigen, schnelllebigen Konsumkultur kompatible Mischung aus Volksweisheit, Philosophie *light*, den üblichen Phrasen der Lebensberater und Motivationstrainer sowie einem Kondensat der Religionen und Philosophien aller geografischen Regionen und Epochen – einmal kurz durch den Mixer gedreht, denn püriert ist die Sache leichter verdaulich.

Projektion. *Die Welt da draußen gibt es nicht wirklich. Alles ist Projektion.*

Das ist der psychologische Begriff der Projektion (Freud: »Projektion ist das Verfolgen eigener Wünsche in anderen.«) angewandt auf die ganze Welt, in seiner esoterischen, jede Einschränkung und Relativierung hinwegfegenden Totalität.

→ ***Außenwelt***

Prophezeiung → *Wahrsagen*

Prozess. *Wer eine Erfahrung reinlässt und sich davon echt berühren lässt, geht dabei durch einen tiefen Prozess und entwickelt sich auf ungeahnte Weise.*

»Ich bin damit noch mitten im Prozess«, sagt man in der Szene gern, wenn man mit etwas nicht klar kommt. Das »prozessorientierte Arbeiten« ist ja auch in der Psycho-Szene seit einigen Jahren sehr beliebt. Nichts ist fertig, alles ist immer noch unterwegs, und ich zeige mein »authentisches Hiersein« im Fluss des Lebens auf diese Weise. Tatsächlich kann auch ein Desinteresse an irgendetwas und eine Distanz tief und authentisch sein. Mancher »entwickelt sich« eben mehr in der Stille und vor allem recht gut ohne den Eso-Jargon.

Das Leben ist eine fortwährende **Prüfung**. *Wir sind hier nur, um zu lernen.*

Als ich noch zur Schule ging, habe ich mich doch mehr auf die Ferien gefreut.

→ ***Lernen***

Psychosomatische *Krankheiten sind Ausdruck ungelöster seelischer Konflikte. Ein Problem, das der Kranke nicht wahrhaben will, wurde von ihm ins Unbewusste verdrängt. Nun weiß die Seele sich nicht anders zu helfen, als körperliche Symptome zu produzieren, um gehört und gesehen zu werden. Da Körper und Seele zusammen gehören sind im Grunde alle Krankheiten psychosomatisch.*

Seelische Konflikte können zu körperlichen Krankheiten führen oder den Ausbruch solcher begünstigen. Es ist aber nicht jede Krankheit Ausdruck eines seelischen Konflikts. Bei manchen ist der Verdacht auf seelische Ursachen größer (etwa bei Migräne), bei anderen geringer (etwa bei den Infektionskrankheiten), aber nie ist es nur die eine Ursache. Auch die rätselhafte Krankheit Krebs scheint kaum psychisch beeinflussbar zu sein.

Psychose. *Die als »psychotisch« in unseren psychiatrischen Anstalten Internierten sind im Grunde Menschen in einer spirituellen Krise, die beginnen, die Relativität und Künstlichkeit ihrer Ich-Identität zu durchschauen. Unsere Schulpsychiatrie kennt jedoch keine Ich-Transzendenz, sie ignoriert die spirituelle Dimension und hält Tausende, kurz vor der Erleuchtung Stehende, in geschlossenen Anstalten fest.*

Die meisten Störungen des Ich-Bezugs und Wahnvorstellungen von der Außenwelt sollten nicht als religiös und spirituell eingeordnet werden und zwar aus sozialen und kategorischen Gründen, auch wenn die philosophischen Gründe dafür unzureichend erscheinen. Sich selbst für jemanden zu halten, der man nicht ist, das ist zwar die Normaldiagnose für jeden Unerleuchteten, aber es gibt Wahnvorstellungen, die so krass sind und jedes sozialen Konsenses entbehren, dass es Sinn macht, sie als »krankhaft« zu bezeichnen. Wenn etwa jemand, der nicht Bundespräsident von Deutschland ist, sich für diesen hält, ist das ein »krankhafter« Irrtum, eine Wahnvorstellung, der sich die Psychiatrie legitimerweise annimmt. Der Irrtum, dass der »echte« Bundespräsident glaubt, er sei Bundespräsident, obwohl das doch »nur« seine soziale und politische Rolle ist, dieser Irrtum ist von dem krankhaften Irrtum derer mit einer psychotischen Störung zu unterscheiden, auch wenn die Unterscheidung letztlich nur darauf beruht, dass es dem Betroffenen im zweiten Fall nicht gelungen ist, einen ausreichend großen Konsens für seine Wahnvorstellung zu erzielen.

Die **Pyramiden** *in Ägypten und anderen großen Kulturen der Menschheit (Mayas) wurden von esoterisch Eingeweihten konstruiert, die um die Geheimnisse dieser Form und ihrer Wirkung wussten.*

In kaum eine Form und kaum ein Bauwerk wird so viel hineininterpretiert wie in die Pyramiden. Auf Zeitschriftentiteln ebenso wie bei Fernsehsendungen bringt ein Thema wie »Die Geheimnisse der Pyramiden« noch immer Auflage und Quote mit einer Sicherheit, die die Chance, dass ein Esoteriker zur rechten Zeit einen Parkplatz oder seinen Seelenpartner findet, sogar noch übersteigt. Tatsächlich sind etwa die ägyptischen Pyramiden von Giseh, das bekannteste »Weltwunder« der Antike, einfach Grabstätten großer – wahrscheinlich auch größenwahnsinniger – Herrscher, deren Bau sehr aufwändig war, vor allem wenn man die damaligen technischen Mittel bedenkt.

→ ***Heilige Geometrie***

Q

Die **Quantenphysik** *ist der Teil der modernen Physik, der den alten esoterischen Weisheiten am nächsten kommt. Sie postuliert etwa das Ineinander-Verschwimmen von Subjekt und Objekt und die prinzipiell nicht gleichzeitige Festlegbarkeit von Ort und Geschwindigkeit eines beobachteten Objektes.*

Kaum ein Bereich der Naturwissenschaft wird von Esoterikern zugleich so gern und so ungetrübt von Kenntnissen zum Beleg für ihre Theorien verwendet wie dieser. Die Tatsache, dass zum Beispiel im Journalismus, in der Politik oder in der Kommunikation zwischen Ehepartnern die Beobachtung eines Objektes stark von subjektiven Vorstellungen abhängt, hat nichts mit den Ergebnissen der Quantenphysik zu tun, sondern lässt sich aus der Wahrnehmungspsychologie erklären. Auch die »Heisenbergsche Unschärferelation« bedeutet nicht etwa, dass jede Erkenntnis »irgendwie unscharf« ist, sondern dass im Nanobereich zwei Messgrößen (wie etwa Ort und Impuls) nicht zugleich beliebig genau bestimmbar sind. Für den »Mesobereich«, in dem sich unser seelisches Erleben, unser Alltag und unsere Beziehungen abspielen, ist die Heisenbergsche Erkenntnis irrelevant.

R

Reichtum. *Du bist so reich, wie du es dir vorstellen kannst. Die Grenzen deines Reichtums liegen nicht in der Außen-, sondern in der Innenwelt.*

Das ist Unsinn. Gewiss gibt es Grenzen im Denken, die das finanzielle Reichwerden behindern können, dafür werden immer wieder die Geschichten von Lottogewinnern erzählt, die nicht fähig waren, mit so viel Geld umzugehen, weil es sie *geistig* überfordert hat. Die wirksamsten Quellen von Armut liegen jedoch in der Außenwelt: Es fehlt vielfach an Bildung, an Startkapital, an Zugang zu Wissen und Beziehungen, oder man hat nicht das richtige Geschlecht, gehört keiner berühmten Familie an, einer benachteiligten Minderheit oder ist krank oder sonstwie stigmatisiert – alles das gibt es nicht nur in den Augen unverbesserlicher Jammerer und Pessimisten, sondern real und sogar massenweise.
→ *Geld*

Reiki. *Eine Einweihung in Reiki, die »Universelle Lebensenergie«, führt zur Reiki-Meisterschaft (ersten, zweiten oder dritten Grades). Reiki-Meister heilen zum Beispiel durch Auflegen der Hände, indem sie sich als Kanal für diese universelle Energie zur Verfügung stellen. Es gibt aber auch Reiki-Heilungen ohne Berührung und Reiki-Fernheilungen. Während der Sitzung mit einem eingeweihten Reiki-Meister fließt diese Energie automatisch an die Stellen, die sie benötigen und führt so zur Entspannung und Heilung. Deshalb ist eine vorherige Diagnose nicht nötig.*

Wissenschaftlich gesehen ist das ein Irrtum und hält einer Placebo-Kontrolle nicht stand. Allerdings haben die Reiki-Praktizierenden Erfolge vorzuweisen. Widerspruch erregen sie vor allem bei der Begründung ihrer Erfolge. Wenn Reiki die »universelle Lebensenergie« ist, so etwas wie Prana (im indischen Sprachgebrauch) oder Chi (im chinesischen), warum sollte man es dann zertifizieren und nur das »Mikao-Usui Reiki« gelten lassen? Luft, Wasser und Erde können ja auch nur dann als Markenartikel verkauft werden, wenn man ihnen spezielle Eigenschaften zuordnen kann – nachweisbare oder durch geschickten verkäuferischen Bluff.

Reinkarnation. *Alle Seelen werden immer wiedergeboren, so lange, bis sie erlöst, befreit oder erleuchtet sind.*

Es gibt keine Hinweise auf eine Seele, die als intakte Einheit den physischen Tod des Menschen überleben würde. Die Seele (griech. Psyche) des lebenden Menschen hingegen ist vielfältig, vielschichtig und auch zu Lebzeiten des Menschen in der Regel keine Einheit. Unsere Angst vor dem Tod und der Wunsch nach einem Weiterleben danach führen zu der Vorstellung einer Seele, die nach dem körperlichen Tod als eine Art Geistwesen fortbestehen würde. Und das, obwohl es keinerlei stichhaltige Anzeichen gibt, dass eine solche Seele existiert, außer vielleicht in dem Sinne, wie ein großer Dichter oder ein geliebter Verwandter nach seinem oder ihrem Tod in unserer Erinnerung (oder der einer Familie, eines Volkes, der Menschheit) weiterlebt. Die indische Vorstellung der Reinkarnation ist etwas anders als die in Europa übliche. Dort ist die Wiedergeburt nicht so sehr eine Rettung vor dem körperlichen Tod als die Kontinuität einer Verhaftung an ein Leiden, das wir Menschen (und ebenso die Tiere) uns durch ein andere schädigendes Verhalten karmisch selbst geschaffen haben. In der klassischen indischen Philosophie, im Buddhismus ebenso wie im Hinduismus, gilt die Befreiung von der Wiedergeburt als Erlösung.

Das Gesetz der **Resonanz** *sagt, dass überall im Universum Gleiches auf Gleiches anspricht. In der Musik bringt ein bestimmter Ton nur die Saiten und Klangkörper in Schwingung, die mit ihm resonieren. So kann ein Mensch, der Hass empfindet, nicht mit Menschen in Resonanz kommen, die Liebe empfinden, aussenden und geben wollen. Er wird diese Liebe nicht empfangen können.*

Das ist ein sehr schöner Gedanke, und er weiß viele entzückende Beispiele auf seiner Seite. Auf der anderen Seite aber steht etwa in der Elektrotechnik die Anziehungskraft gegenpolig elektrisch geladener Teilchen, und auch in der menschlichen und tierischen Sexualität ziehen sich überwiegend die Gegenpole an. Auch im kulturellen Leben gibt es viele Beispiele für die Attraktion des Verschiedenen, wo etwa ein kreativer Chaot mit einem ordentlichen Verwalter gut zusammenarbeitet.

In **Ritualen** *wirken geheimnisvolle Zeichen in magischer Weise auf unser Leben ein.*

Dieser Satz enthält für den begeisterten Esoteriker gleich vier Trümpfe: Ritual, Geheimnis, Zeichen und Magie, also die Essenz des religiösen und esoterischen Denkens. Rituale sind Kommunikationsvorgänge, die es in ihrer Inszenierung darauf anlegen zu faszinieren – ihre »faszinierende« Wirkung auf den Empfänger der Signale (den Betrachter oder Zuhörer) ist das Geheimnis ihrer Wirkung. Sie versetzen den Empfänger in eine die Wahrnehmung (leicht oder stark) einschränkende Trance, sei es, dass sie archetypische Symbole verwenden, sei es durch Wiederholung (das schamanische Trommeln), sei es durch die Inszenierung von Heiligkeit (die religiösen Rituale) oder Macht (die juristischen, politischen und militärischen Rituale). Rituale dienen auch (vielleicht sogar in erster Linie) der Konzentration des Ausführenden, sie fördern und unterstützen diese. Einen erheblichen Teil ihrer Kraft bekommen sie durch die Wiederholung.

S

Satori, *so heißt im Zen-Buddhismus die Erleuchtung. Wer das erlebt hat, ist danach nicht mehr derselbe. Das Ego ist nun als Illusion durchschaut, und alles strahlt im Licht des kosmischen Bewussteins.*

Satori, so heißt im Zen-Buddhismus die erste Einsicht in die Vergänglichkeit, die Nichtigkeit des Ich oder die Allgegenwart des Leidens ich-begrenzter Wesen. Das ist noch weit von der vollständigen Erleuchtung (Nirwana genannt), entfernt. Nicht jeder kann mit einer solchen ersten, fundamentalen Einsicht gut umgehen. Manche sind davon so schockiert, dass sie sie schnell wieder verdrängen. Andere leiden dann darunter, dass die Einsicht »im Grunde« da ist, die Realisierung im Alltag aber schmerzhaft hinterherhängt. Nur ein kleiner Teil derer, die ein Satori erleben, kann das für die spirituelle Entwicklung positiv nutzen.

Im **Satsang,** *dem Zusammensein mit einem aus der Ego-Illusion erwachten Menschen, spürst du tiefe Stille und Frieden, und wenn du dich ganz auf diese strahlende Präsenz einlässt, kannst du dabei selbst erwachen. Das wird der/die Erwachte dann sofort merken und nun auch dich autorisieren, Satsang zu geben.*

Irrtum, und das gleich vier Mal. Erstens wird Satsang oft von Menschen gegeben, die an der Einsicht in die Ego-Illusion gerade mal geschnuppert haben. Zweitens ist die strahlende

Präsenz der Satsang-Geber eine Folge der Inszenierung ihres Auftritts: Wenn du dich dort hinsetzt, wo sie sonst sitzen, lächelst und still bist, strahlst du ebenso sehr wie sie. Drittens kann solch ein Satsang-Geber kaum erkennen, ob du erwacht bist, oft irrt er sich sogar, sein eigenes Erwachen betreffend. Und dann auch noch dich zu autorisieren, das wäre zu viel des Guten in diesem spirituellen Melodram.

Schamanen *sind die Priester der Naturreligionen, die sich in Trance versetzen und von dort aus eine Reise in die Anderswelt unternehmen, um so mit den Geistern zu kommunizieren. In Trance sind sie nicht mehr sie selbst, sondern jenseits des Egos und mit Mächten verbunden, die Heilkraft haben. So können Schamanen heilen.*

Schamanen als Priester zu bezeichnen ist nicht ganz richtig, denn sie gehören keiner Berufsgruppe an, sondern wirken einzeln. Zudem sind die Formen des Schamanismus von Stamm zu Stamm und Volk zu Volk sehr verschieden. Als Voraussetzung für die Ausübung der Rolle des Schamanen gelten bei vielen Stämmen entscheidende Lebenserfahrungen. Meist ist eine Einweihung in die Rolle des Schamanen Voraussetzung für die Akzeptanz beim Stamm. Heilen in Trance? Kann sein. Jenseits des Egos? Auch das. Genau genommen heilen die Schamanen aber nicht, auch nicht »von dort aus«, sondern beeindrucken ihr (u. a. Heilung suchendes) Publikum mit einer Show, die es in sich hat, im wahrsten Sinne des Wortes. Der Schamane hat dabei seine normale Identität verlassen und kann so Aussagen machen und Handlungen vollbringen, zu denen er im normalen Wachbewusstsein nicht fähig wäre. Ob die heilsam sind, ist eine andere Frage. Das Köpfen von Hühnern seitens eines Scha-

manen in Trance jedenfalls ist wohl nur dann heilsam (für die Menschen, nicht für die Hühner), wenn sein menschliches Publikum das glaubt – die Placebo-Kontrolle wäre hier als vertrauensbildende Maßnahme zu empfehlen. Man kann den Schamanen auch als Menschen in einem veränderten Bewusstseinszustand betrachten, der von dort aus Wahrnehmungen hat, die seinem Alltagsbewusstsein nicht zugänglich sind und die es ihm ermöglichen, bei entsprechender Konzentration und entsprechend vorhandenem Willen in einer Weise zu heilen, die der Hypnose ähnelt.
→ ***altered state of consciousness*** → ***Anderswelt*** → ***Hypnose***

Ein **Scharlatan** *ist jemand, der vorgibt, magische, geistheilerische oder sonstige paranormalen Fähigkeiten zu besitzen, ohne diese wirklich zu haben. Sie sind also Bluffer und als solche zu verurteilen.*

Das Vertrackte an dieser Definition ist, dass zumindest ein Großteil der Fälle von angewandter Magie (Zyniker und Skeptiker behaupten, es sei bei allen so) auf Wahrnehmungstäuschung beruht. Wenn diese Täuschung bewusst ausgeführt wurde und ohne Absicht der Schädigung seines Publikums, ist der Magier ein hoch angesehener Künstler (Beispiel: David Copperfield), obwohl er blufft. Ähnlich ist es bei Geistheilern: Zumindest ein Großteil ihrer Wirkung ist der Inszenierung zu verdanken, die den Glauben an sie verstärkt oder sogar erst erschafft. »Dein Glaube hat dich geheilt«, soll Jesus zu einer Frau gesagt haben, die sein Gewand berührt hatte. Sein Auftritt als Messias hatte sie so beeindruckt, dass sie an ihn glaubte und deshalb geheilt wurde, nicht durch Verabreichung eines Medikamentes oder sonst eines körperlich wirksamen Mittels. Jesus war also ein begnadeter und sehr erfolgreicher »Scharlatan« und ist als solcher nicht unbedingt zu verurteilen.

Schutzengel → *Engel*

Samadhi *ist die höchste Stufe der Erleuchtung, in der Subjekt und Objekt miteinander verschmolzen sind zu seiner Einheit.*

Im Zustand des Samadhi ist zwar das Bewusstsein »versunken« im Objekt der Betrachtung, also verschmolzen mit ihm, aber das kann man schon bei der Konzentration auf eine Kerzenflamme erleben und anderen Versenkungsmeditationen. Die höchste Stufe der Erleuchtung ist das keineswegs. Zum Samadhi fähige Meditierer können sogar in Bezug auf die Natur der Wirklichkeit noch völlig ignorant sein.

Schönheit *liegt im Auge des Betrachters.*

Mit diesem Satz wollte der schottische Philosoph David Hume darauf hinweisen, dass Schönheit nicht nur in der Außenwelt zu finden ist, sondern dass es dabei *auch* auf den Betrachter ankommt. Er fand damit so viel Zustimmung, dass der Satz zum geflügelten Wort wurde. In dieser einseitigen Formulierung ist der Spruch jedoch Wasser auf die Mühlen der Esoteriker, die so gern die Welt als reine, subjektive Projektion auf eine leere Leinwand sehen wollen: Nur das Auge entscheidet über Schönheit, nicht das, was es betrachtet.
→ ***Außenwelt***

Alles ist **Schwingung,** *alles schwingt.*

Es gibt zumindest relative Festigkeit, und die Beschreibung dessen, was normalerweise »feste Materie« genannt wird als Schwingung ist nur ein physikalisches Modell, dessen Anwendung für 99 % unserer Alltagsangelegenheiten nicht sinnvoll ist.

Es gibt keine **Schuld***. Wir Menschen sind vor Gott, dem Kosmos oder dem karmischen Gesetz alle gleich.*

Wir Menschen sind sehr verschieden, auch im Hinblick auf unsere Verstrickung in Ursache-Wirkungs-Zusammenhänge. In der Welt des Relativen ist der Unterschied zwischen Opfer und Täter durchaus von Belang, auch wenn es »den Täter« und »das Opfer« nie in der reinen Form gibt.

Schule des Lebens. *Das ganze Leben ist eine Schule. Wir sind hier nur, um etwas zu lernen. Sobald wir es gelernt haben, wird sich unser Körper auflösen, und wir werden in einer anderen Welt glückselig weiterleben bis in alle Ewigkeit.*

Der erste Teil dieser Aussage ist typisch für den Esoteriker, der in allem, was ihm widerfährt, ein Geschenk oder eine Herausforderung sieht, an der er/sie etwas lernen und persönlich wachsen kann. Als Grundhaltung ist das nicht schlecht, aber auch ein solches Lernen kann in Stress ausarten. Nicht alle lieben es, ihr Leben auf der Schulbank zu verbringen, und auch Prüfungsangst kann Teil einer solchen Lebenshaltung sein. Der zweite Teil dieser Aussage ist schon spezieller und gehört eher zum theoretischen Inventar der Lichtarbeiter oder der Channel von Aufgestiegenen Meistern, ist also mehr etwas für Profis. Einfache Freizeitesoteri-

ker wollen in Sachen Auflösung vielleicht noch nicht gleich aufs Ganze gehen.
→ ***Lichtarbeiter*** → ***Aufgestiegene Meister***

In der Spiritualität und Esoterik geht es letztlich um nichts anderes als um das **Sein.** *Satsanglehrer und andere spirituelle Lehrer nennen es auch manchmal, mangels anderer Worte einfach DAS.*

Ach, das Sein! Darüber hat sich schon Heidegger so breit ausgelassen, und nun auch noch die Esoteriker und insbesondere die Satsangfreaks. Dabei ist das Wort »Sein« nur die Versubstantivierung eines Verbs, das die Zugehörigkeit zu einer Eigenschaft bezeichnet. Beispiel: Die Eiche »ist« ein Baum. Das heißt, die Menge aller Eichen ist eine Teilmenge der Menge aller Bäume. Wenn man aus dem sprachlichen Symbol, das diese Zugehörigkeit bezeichnet, ein eigenes philosophisches Wesen macht, gelangt man damit in eine ganz eigene Welt. Die aber ist eine Fiktion, so wie Tolkiens Mittelerde, wo die Hobbits leben. »Das Sein« gibt es nicht. Es sei denn, alles gehört dazu – und dann kann man sich den Begriff auch sparen.

Auf jeden Menschen wartet irgendwo ein **Seelenpartner,** *eine Art Dualseele. Nur wenn man diesen zu einem selbst passenden Partner findet, ist man glücklich.*

Das ist die esoterische Variante der romantischen Idee vom Traumpartner, dem einen, einzigen, der nur für einen bestimmt ist und man selbst nur für ihn. Tatsächlich gehört das Gefühl, den einen, einzigen und genau Richtigen gefunden zu haben zu jeder Verliebtheit – und das gibt es im Leben, auch der Esoteriker, in der Regel nicht nur ein Mal.

Gerade Esoteriker neigen aufgrund ihres Lebens im Hier und Jetzt, ihrer Spontaneität und der Bevorzugung des Gefühls gegenüber dem Verstand zu einer Aufeinanderfolge solcher jeweils »einzigartigen« Seelenpartnerschaften.

Das **Selbst** *ist das Wesen des Menschen und das Ziel der spirituellen Suche.*

Diese »Beinahe-Wahrheit« ist vielleicht der am meisten missbrauchte esoterische Gemeinplatz und ein großer Irrtum. Zunächst einmal gibt es das Selbst gar nicht. Es ist die Substantivierung eines Reflexivpronomens – ein »Selbst« gibt es so wenig wie ein »Zwischen« oder ein »Aber«. Der Mensch kann sich jedoch auf die Suche nach sich selbst machen, sich selbst erforschen, ja sogar sich selbst finden, aber dort findet er kein »etwas« – kein Selbst.
Ist das Selbst das Ziel der spirituellen Suche? Gewissermaßen ja. Schon das Orakel von Delphi forderte: Erkenne dich selbst. Aber auch dort ist das Selbst nur ein Reflexivpronomen: Das Subjekt (der Suche oder der Erforschung) möge das Subjekt selbst erkennen und nicht irgendein Objekt. Die Suche ist paradox, aber gerade in dieser Paradoxie liegt die Lösung. Die lässt sich nicht durch die Substantivierung eines Reflexivpronomens finden und auch nicht, indem das Subjekt einen Teil von sich abspaltet und so zum Objekt macht, um ihn besser (oder überhaupt erst) betrachten zu können. Nein, da muss schon das Subjekt *sich selbst* betrachten.

Jeder hat die Kraft zur **Selbstheilung.**

Mitnichten. Das ist Größenwahn pur. Ja, wir haben erstaunliche Möglichkeiten, uns auf Gesundheit positiv auszurichten und dadurch einen Heilungsvorgang zu beschleunigen, ihn unter Umständen sogar zu initiieren oder zu Ende zu bringen. Vieles aber können wir nicht allein: uns operieren, uns in der Genesungszeit pflegen, ja nicht einmal einen Weisheitszahn ziehen können wir uns selbst. Allerdings geschieht Heilung, wenn sie denn geschieht, immer insofern »von selbst«, als dass das bewusste Ich oder Ego zwar Medikamente besorgen, die Ernährung umstellen, einen Heiler oder Arzt konsultieren kann, der Vorgang der Heilung dann aber eine Wiederherstellung der Gesundheit ist, die von allein geschieht, aufgrund natürlicher Kräfte.

Selbstliebe. *Liebe deinen Nächsten wie dich selbst, diese Aufforderung von Jesus setzt voraus, dass wir uns selbst lieben. Damit müssen wir anfangen, sonst wird aus der Liebe zu einem anderen nie was werden.*

Irrtum. Man kann es auch umgekehrt machen: Liebe einen anderen, dann lernst du dabei, auch dich selbst zu lieben. Wo man mit der Liebe beginnt, ist egal, wichtig ist, dass man beginnt. Menschen die merken, dass sie sich selbst nicht lieben, weil sie vielleicht als Kind nicht wirklich geliebt wurden, können auch damit beginnen, andere zu lieben, anstatt endlos zu versuchen, aus dem Nichts eine liebevolle Beziehung zu sich selbst herzustellen. Gib anderen das, was du selbst am meisten haben möchtest! Das ist ein mindestens ebenso guter Grundsatz wie der, mit der Liebe bei sich selbst zu beginnen. Eva Maria Zurhorsts Empfehlung »Liebe dich selbst und es ist egal, wen du heiratest« wurde zum Weltbestseller. Offenbar wird die esoterische Bevorzugung von Subjektivität und Innenwelt allmählich Mainstream.

Selbstverwirklichung → *Verwirklichung*

Selektive Wahrnehmung. *Unspirituelle Menschen nehmen nur die Oberfläche der Wirklichkeit wahr, sie sind in der »Welt der Sinne« gefangen. Esoteriker gehen tiefer. Sie spüren, dass alles schwingt, alles eins ist, und sie tauchen ein in die Magie der Wirklichkeit.*

Die Außenwelt ist nur über die Sinne wahrnehmbar und – indirekt – über technische Geräte. Die Innenwelten von Ideen, Träumen, Vorausschau und Erinnerung werden introspektiv wahrgenommen. Die Tatsache, dass spirituell, religiös und esoterisch geprägte Menschen die Wirklichkeit oft als in magischer Weise stimmig empfinden, liegt vor allem an der selektiven Wahrnehmung. Die ist nicht nur ihnen eigen, sondern allen Menschen. Wir nehmen millionenfach mehr wahr, als wir im Langzeitgedächtnis abspeichern können, und auch das, was in der Gegenwart unser Bewusstsein erreicht, ist weniger als ein Millionstel dessen, was unsere Sinne von der Umwelt aufnehmen. Wie aber selektiert unser Gehirn, was ins Bewusstsein gelangen soll und was nicht? Und was davon ins Langzeitgedächtnis gelangen soll und was nicht? Da gibt es Filter, Wahrnehmungsfilter. Die blenden aus, was nicht hinein soll. Nur das, was übrig bleibt, ist uns bewusst. Das ist so ähnlich wie bei einem Film der Schnitt. Wenn für einen Film fünf Mal so viel Material aufgenommen wurde, wie gesendet wird, fallen 80 % weg, nur 20 % bleiben. Deshalb gibt es unter Filmleuten den Spruch: »Der Film wird im Schnitt gemacht.« Bei einem Faktor von eins zu fünf, wie in diesem Beispiel, hat das Ergebnis immerhin noch ein bisschen mit der Realität des aufgenommenen Materials zu tun. Bei unserem Gehirn, wo der Schnittfaktor mehr als eins zu einer Million beträgt, kann man das kaum mehr behaupten. Deshalb entsteht der Eindruck, dass wir die Realität erst in unserem Gehirn (bzw. Verstand) erschaffen. Hieraus folgen dann Vereinfachungen wie: Die Außenwelt gibt es gar nicht; was ich erwarte, das trifft auch ein, und nur das; ich sehe nur, was ich mir vorstellen kann. Und eben auch der Eindruck einer magischen Wirklichkeit, die dem eigenen Willen entspricht.

Sex *heilt.*

Leider nicht immer.
→ ***Tantra***

Spielen. *Das Leben ist ein göttliches Spiel.*

Nein, das Leben ist auch Leiden. Doch man kann sich von dem Leiden befreien! Wie? Indem man seine eigenen Identifikationen als Rollen versteht, darunter auch die Rolle des Leidenden mit der Anhaftung an den Schmerz und an die Identität des Verlierers oder Opfers. »Leela« ist das Sanskritwort für dieses »göttliche Spiel des Bewusstseins«. Leela, so heißt auch das Kempinski Hotel in Mumbai, in dem eine Übernachtung etwa so viel kostet, wie ein Inder durchschnittlich in einem halben Jahr verdient. Ist die Philosophie, das Leben als Spiel zu verstehen, nur eine Philosophie für die Reichen? Auch wenn es so scheint, dass nur »die oberen Zehntausend« (oder oberen zehn Millionen, weltweit) sich eine solche Haltung zum Leben leisten können, findet man eine solche »unerträgliche Leichtigkeit des Seins« ebenso oft bei den Besitzlosen und bei denen, die wissen, dass sie nichts zu verlieren haben. Die Weisheit, das Leben als ein Spiel zu betrachten, in dem es vor allem darauf ankommt, seine Rolle gut zu spielen und nicht zu sehr daran zu haften, wird in Europa traditionell von der Figur des Narren verkörpert – des Narren im Tarot oder Hofnarren an den früheren Königshöfen. Im Kartenspiel entspricht dem der Joker: Weil er nichts ernst nimmt, kann er jede Rolle einnehmen und ist damit Trumpf.

Spiritualität *ist eine Kraft, die alles andere überwindet und jedenfalls stärker ist als Materie.*

Esoteriker stellen sich die Spiritualität gern als eine Kraft vor, die im ewigen Ringkampf mit der Materie letztlich siegt, jedenfalls dann, wenn man an sie glaubt. Und das tun die Esoteriker ja, also helfen sie der Spiritualität zu siegen. Die Wirklichkeit aber ist kein solches kosmisches Melodram, sondern eher ein komplexes Gewebe, dass sowohl aus Geist besteht, als auch aus Materie. Ohne Materie hätten wir jedenfalls keinen Körper, kämen also über den Zustand eines Geistwesens nicht hinaus – und das wäre doch schade.

Spirituelle Krise → *Psychose*

Stille *ist die Wahrheit, die Quelle von allem, deine wahre Natur. Suche die Stille, meide den Lärm, dann wirst du Frieden finden.*

Für Kinder kann Stille sehr bedrückend sein. Ein Ehepaar, das aus Angst vor einem Streit nie miteinander spricht, oder weil sich die beiden nichts zu sagen haben, ist sicherlich nicht glücklich, und auch die Totenstille nach einem Massaker ist nicht »deine wahre Natur« oder »die Quelle von allem«. Es kommt eben darauf an, ob etwas verschwiegen und unterdrückt wird oder nicht. Ob lebensfeindliche Kräfte das Klingen, Tönen, Rauschen, Singen oder Kreischen fröhlicher Lebendigkeit zum Schweigen gebracht haben oder die Stille eine echte, friedliche Stille ist. Und dann gibt es schließlich noch eine »Stille hinter den Tönen«, von der die Mystiker sprechen. Diese ist nicht das Gegenteil von Lärm oder Musik und auch nicht die Pause zwischen zwei Geräuschen. Sie ist etwas, das nicht vergeht, auch wenn es lärmt, sondern sie bleibt, so wie der Bildschirm eines PCs oder Fernsehers aufnahmebereit bleibt, auch wenn kurz vorher stundenlang Bilder und Texte über ihn geschwirrt sind. Im Tantra spricht man auch von der »Stille zwischen den Gedanken«, einer Stille, die sich auch nicht durch das ständige Geplapper des inneren Dialoges stören lässt.

Subjektivität. *Alles ist subjektiv. Die Welt ist eine Projektion des Geistes, und jedes Subjekt projiziert sich eine eigene Welt auf die leere Leinwand.*

→ ***Außenwelt***

Synchronizität. *Weil in der Welt alles mit allem verbunden ist, erleben die Feinfühligen unter uns Synchronizität: das gleichzeitige Auftreten von Ereignissen, das sich nicht logisch erklären lässt.*

→ ***Gedankenübertragung*** → ***Zufall***

T

Tachyonen-*Energie ist die kosmische Urenergie, aus der das Universum hervorgeht.*

Ob es Tachyonen überhaupt gibt, weiß keiner. Bisher sind das nur von der theoretischen Physik als prinzipiell möglich erklärte Teilchen, die sich schneller als das Licht bewegen (griech. *tachys* – schnell). Solche Teilchen sind bisher jedoch nicht nachgewiesen worden. Für die esoterische Fantasie tut sich hier also ein großer Spielplatz auf: Man hat hier einen irgendwie ganz ernsthaft physikalisch klingenden Namen für ein Teilchen, das es aber vielleicht gar nicht gibt, das aber, wenn es das gäbe und es mit den bekannten Teilchen (Tardyonen) in Kontakt treten könnte, sich jenseits der üblichen Zeit aufhielte, mit diversen paradoxen Folgen. Mit »kosmischer Urenergie« hat das nichts zu tun.

Ein **Talisman** *ist ein Gegenstand, der auf magische Weise vor Krankheiten und bösem Zauber schützt. Außerdem bringt er Glück.*

→ ***Amulett***

Tantra. *Tantriker sind Menschen, die erkannt haben, dass Sex heilig ist und sich in dieser heiligen Praxis üben.*

Sex ist nicht generell heilig, auch für Tantriker nicht. Sex kann missbraucht werden. Vor allem unfreiwilliger, erzwungener Sex wie etwa eine Vergewaltigung kann schreckliche, traumatische Folgen haben. Allerdings kann man die sexuelle Vereinigung auch als etwas Heiliges betrachten, da sie die leichteste und natürlichste Art ist, das Ego zu überwinden und außerdem als Akt zwischen Mann und Frau Urform, Vorbild und Metapher aller Kreativität ist.

Taoismus *ist die alte chinesische Weisheitslehre, die in dem Buch »Tao Te King« von Lao Tse überliefert wurde.*

Ob es Lao Tse wirklich gab, ist nicht sicher, und es ist auch nicht alles weise, was taoistisch ist. Ein Lieblingsthema des Taoismus ist zum Beispiel die Suche nach Unsterblichkeit. Aus ihr gingen allerhand magische Praktiken hervor und alchimistische Mixturen, die das erreichen zu können beanspruchen. Das »Tao Te King« ist jedoch ein in seiner Schönheit und Tiefe unübertroffener Klassiker der spirituellen Weltliteratur.

Tarot. *Über die Zigeuner gelangten die aus dem alten Ägypten stammenden Tarotkarten nach Europa und konnten dort, oft verfemt und in den Untergrund gedrängt, einiges von dieser uralten esoterischen Lehre über die Jahrhunderte des Christentums hinweg retten. So kann man auch heute noch durch die Tarotkarten Wesentliches über den eigenen Charakter erfahren und sich von ihnen bei Entscheidungen helfen lassen.*

Die Tarotkarten kamen im 14. Jhd. aus der islamischen Welt nach Europa, allerdings unter dem Namen »Trionfi«. Bezüge nach Ägypten sind nicht belegt. Jahrhundertelang wurden diese Karten als Spielkarten benutzt, wahrscheinlich auch zum Wahrsagen. Tiefere esoterische Verwendungen sind erst seit dem 18. Jhd. bekannt, als die Bedeutung des Christentums in Europa bereits nachließ. Der Wert der Tarotkarten liegt vor allem darin, dass sie dem Suchenden neue Aspekte einer Situation zeigen können, die ohne diese Bilder und Interpretationen in seinem Unterbewusstsein weiterschlummern würden. Wahrsagen kann man mit Hilfe der Karten nicht, und auch als Entscheidungshilfe können sie nur im Entscheider schon Vorhandenes wecken oder anregen.

Telekinese *nennt man die Fähigkeit paranormal begabter Menschen, die imstande sind, einen entfernten Gegenstand allein mit Geisteskraft zu bewegen.*

Wie wäre es damit, die Waffensysteme des Gegners telekinetisch lahmzulegen oder auf dessen eigene Ziele zu richten? Die Militärs der Welt waren schon immer technische Avantgarde und kreative Köpfe, wenn es darum ging, dem jeweiligen Gegner zu schaden; sie müssten sich um Menschen mit solchen Fähigkeiten reißen. Das tun sie aber nicht. Deshalb gibt es solche Menschen offenbar nicht.

Telepathie. *Spirituell-medial begabte Menschen können die Gefühle und Gedanken anderer auf direkte, außersinnliche Weise wahrnehmen, ohne zu sprechen, zu schreiben oder andere Zeichen zu geben.*

Es gibt tausend verschiedene Weisen, wie Menschen einander Gedanken und Gefühle mitteilen können. Bei allen ist irgendeiner der Sinne involviert.

Tod → ***Unsterblichkeit***

Todsünden → ***Aggression***

Traditionelle chinesische Medizin (TCM) *ist die in der Welt am weitesten verbreitete nicht-westliche Medizin. Vor allem in ihrer Form als Akupressur genießt sie hohe Akzeptanz. Die dahinter stehende Philosophie ist die esoterische Lehre von Yin und Yang, verbunden mit der Lehre von den Fünf Elementen und der universellen Energie Chi (auch Ji oder Qi geschrieben, wie im Taiji oder Qigong).*

TCM hat viele Erfolge aufzuweisen. Ob diese allerdings die Erfolge von Placebos übersteigen, ist strittig. Außerdem ist TCM nicht die wirkliche traditionelle chinesische Medizin. Diese nennt man heute, um sie von TCM zu unterscheiden, »klassische« chinesische Medizin (auf Englisch als CCM abgekürzt). Sie ist über 2.000 Jahre alt. Wesentliche Quellentexte dieser Medizin stammen aus der Han Dynastie. Aufgrund der Erfolge der westlichen Medizin, die auch in China für viel besser gehalten wurde, geriet die alte chinesische Medizin im Lauf der vergangenen 200 Jahre jedoch in ihrem eigenen Land in Verruf. Deshalb wurde sie von der nationalen Regierung Chinas schließlich in den 30er-Jahren des 20. Jahrhunderts verboten, denn man wollte nicht, dass China in der Entwicklung hinter der wissenschaftlichen Medizin zurückblieb. Erst in den 60er-Jahren des 20. Jahrhunderts führte Mao Tse Tung diese Medizin in veränderter Form wieder ein, weil er erkannte, dass die westliche Medizin für die Massen der Chinesen nicht finanzierbar war. Das ist es, was wir heute als TCM kennen. Es sollte nur noch die im Licht der modernen Medizin haltbaren Teile der klassischen Medizin enthalten. Insofern die heute praktizierte TCM esoterisch ist, ist das also ein unbeabsichtigtes Relikt, das sich bei der Bereinigung durch Mao Tse Tung nicht ganz entfernen ließ.

Transformation *ist das Ziel des spirituellen Strebens. So wie die Raupe zum Schmetterling wird, so wird dabei die unreife, unerleuchtete Seele zur entfalteten, erleuchteten.*

Das tückische an vielen Phrasen und Begriffen der Esoterik ist, dass sie zunächst wertfrei wirken; und doch bewerten sie, was aus dem Kontext ihrer Anwendung zu erkennen ist. So bedeutet »Transformation« wörtlich schlicht »Umwandlung«. Das kann eine Wandlung zum Besseren oder Schlechteren sein. Auch ein Trauma kann einen Menschen umwandeln – Soldaten etwa sind oft völlig »transformiert«, wenn sie aus einem Krieg heimkehren. Diese Verwandlung würde ein Esoteriker jedoch nicht gutheißen, denn in der Esoterik wird ja eine Verwandlung zum Besseren gefordert – oder erhofft. Ist der Schmetterling besser als die Raupe? Immerhin ist er »weiter«, und er kann fliegen!

Die **Transsubstantiation** (Wandlung) *im christlichen Abendmahl ist nichts Esoterisches. Im Gegenteil: Sie ist das Kernritual der Hochreligion, die jahrhundertelang die Esoterik verfolgt hat.*

Die in der katholischen Messe verabreichte Oblate gilt als wahrhaftiger Leib Jesu und der dort kredenzte Wein als sein Blut. Dieses Kernritual des Christentums ist m. E. nach (jedenfalls in seiner katholischen Variante) Esoterik pur. Durch den »Zauber« der Messe wird dabei eine schlichte Oblate in das Fleisch eines vor 2.000 Jahren verstorbenen Predigers verwandelt, das sie dann tatsächlich *ist* und nicht etwa nur symbolisch bedeutet. Ein Fall fürs Gesundheitsamt, weil Fleisch nur frisch verwendet werden darf? Oder eher für die Psychiatrie, wegen der Wahnvorstellung? Nein, ein esoterischer Irrtum und zwar mindestens zweifach: Der Christ irrt sich damit, die Oblate für das Fleisch seines Heilands zu halten und der Esoteriker damit, das Christentum für nicht esoterisch zu halten.

Traum. *Was uns als Traum erscheint, ist nur eine unter vielen Wirklichkeiten und ist auch nicht irrealer als die Realität, die wir im Wachzustand für wirklich halten.*

Doch, es gibt einen Unterschied: Die Gegenstände und Personen, die wir im so genannten normalen Wachzustand erleben, sind in der Regel etwas länger bei uns als die in den Träumen der Nacht.
→ ***Anderswelt***

Traumdeutung. *Wer die Zeichen und Symbole der Nachtträume zu deuten weiß, kann darin etwas über sein Schicksal und sogar über das anderer Menschen erfahren.*

Die eigenen Träume sagen vor allem etwas über einen selbst aus, über das Unbewusste und die eigenen inneren Konflikte. Über die Zukunft können sie nur dann etwas aussagen, wenn ein innerer Konflikt diese betrifft. Wenn ich etwa an einem Menschen hänge, dies aber im Wachzustand nicht wahrhaben will, kann ein Traum mir die Vermutung nahelegen, dass ich mit diesem Menschen noch zu tun haben werde. In ähnlicher Weise kann auch eine kulturelle Katastrophe, die von den Angehörigen dieser Kultur zwar gespürt, aber verdrängt wird, sich in Träumen andeuten. Die Zukunft betreffende »Wahrträume« sind jedoch ebenso spekulativ wie »hellsichtige« Prophezeiungen, vor allem deshalb, weil bei der Wahrnehmung solcher im Wachzustand die betroffene Person oder Kultur sich dem entgegenstellen kann.

U

Überzeugung → *Glaube/Glaubenssätze*

UFOs *sind Flugkörper, mit denen nichtirdische Zivilisationen uns etwas mitteilen wollen. Sie werden von Aliens gesteuert, die auch schon mal einen Erdenbewohner entführen und sexuell missbrauchen.*

Nur Katholiken haben Marienerscheinungen, und nur in technischen Zivilisationen werden UFOs gesichtet. Offenbar hängen diese »Visionen« von dem ab, was uns jeweils geprägt hat. Die nicht von diesen Themen faszinierten Menschen haben keine solchen Erscheinungen und werden auch nicht von UFOs entführt; ja, sie sehen nicht einmal solche.

Umkehr. *Auf unserem Weg durchs Leben gibt es für jeden einen klar erkennbaren Punkt der Umkehr. Vor diesem Punkt bewegen wir uns immer mehr ins Weltliche hinein und verstricken uns immer mehr. Nach diesem Punkt lösen wir uns hieraus wieder und nähern uns unserem Ursprung, dem Göttlichen.*

Ach, wenn es doch so einfach wäre! In Wirklichkeit ist unsere »Heldenreise« eher ein Zickzackkurs mit vielen Irrwegen, Umwegen und Sackgassen. Wenn es dabei doch mal einen größeren Zacken gibt, atmen die Ordnungsliebenden unter uns auf und sagen: Das ist die Umkehr!

Universelle Energie → *Energie*

Übertragung. *Wer von einem spirituellen Lehrer (Schamanen, Mulla, Roshi oder sonst einer spirituellen Autorität) eine Übertragung erhalten hat, ist damit befugt und befähigt, selbst Einweihungen vorzunehmen, die Heilige Lehre zu unterrichten und oft auch selbst zu heilen.*

Spirituelle Lehrer behaupten gern, eingeweiht oder autorisiert zu sein. Im typischen Falle geschieht das durch eine so genannte »Übertragung«. Damit ist, dem jeweiligen sozialen System entsprechend, diesem Menschen die Befugnis gegeben, aber noch nicht unbedingt die Befähigung. Die Befähigung ist oft ein Ergebnis von Einbildung, was immerhin für eine Placebowirkung ausreicht, und diese ist schließlich die Grundlage der Geistheilung.

Unschärferelation. *Der Physiker Heisenberg fand heraus, dass Subjekt und Objekt nicht voneinander trennbar sind.*

→ ***Quantenphysik***

Unsterblichkeit. *Der Tod ist eine Illusion; nur »die körperliche Hülle« ist sterblich.*

Bislang sind noch alle Menschen gestorben, physisch jedenfalls. Und psychisch? Mir ist auch noch keine Seele begegnet, die einen physischen Tod überlebt hätte. Andere erzählen zwar davon, aber das ist leicht als Fantasie oder Einbildung zu erklären. Es gibt zwar Eigenschaften und Verhaltensmuster von Verstorbenen, die an heute Lebenden wieder auftreten. Wurden die neu erfunden oder übertragen, und wenn sie übertragen wurden, dann wie? Karmisch? Vielleicht. Aber eine ganze Seele? Es gibt Menschen, die behaupten, Reinkarnationen von anderen Verstorbenen zu sein, aber das können auch Einbildungen sein. Schon im Leben dieses einen Körpers täuscht einen die Erinnerung in so vieler Hinsicht. Es gibt Charakterspaltungen und Besessenheit von anderen Seelen oder Identitäten, unser Ich-Bewusstsein ist nicht aus einem Guss, sondern eine Vielfalt, sie sich ständig ändert. Schon nachts erlischt dieses Ich-Bewusstsein, nimmt im Traum ganz andere Formen an, auch tagsüber je nach Situation und Provokation. Das Überleben einer intakten Seele mit kontinuierlich demselben Ich-Bewusstsein ist die Kitschversion des Karma-Gedankens. So, wie Fegefeuer und Hölle die Kitschversionen einer strafenden Gerechtigkeit sind, für alle, die auf Erden etwas als ungerecht empfinden und sich dafür eine andere Welt wünschen, in der das ausgeglichen wird.

→ *Karma*

V

Verantwortung. *Du bist selbst für alles verantwortlich, was dir widerfährt, für Gutes wie für Schlechtes.*

Als Gegenmittel gegen übertriebenes Opferbewusstsein (»Ich kann nichts dafür, die anderen sind schuld!«) kann dieser Satz sehr nützlich sein. Nachteil: Er ist nicht wahr. Nicht im üblichen Sinne jedenfalls. Waren die nach Auschwitz deportierten Kindern selbst daran schuld? Natürlich nicht. Da müsste man den Karmagedanken schon sehr weit dehnen. Obwohl die Idee des Karmas ja auch etwas hat. In weiten Teilen aber ist sie ein Märchen und wird oft auf unerträgliche Weise als Ausrede eingesetzt. Ist die esoterische Idee der Verantwortung für »alles« also Größenwahn pur? Im philosophisch-idealistischen Sinne ist sie richtig, allerdings auch nichtssagend: Alles was du wahrnimmst, nimmst *du* wahr, insofern lebst du in *deiner* Welt.

→ *Karma*

Vergleiche *nicht! Nur der Verstand vergleicht. Für die Liebe ist alles, was sie betrachtet, unvergleichlich.*

Dinge miteinander vergleichen zu können ist eine der wichtigsten menschlichen Fähigkeiten. Sie ist Grundlage der Wissenschaften, aber auch im Alltag sehr nützlich und sehr wohl mit Liebe vereinbar. Dennoch sucht jeder Mensch nach Anerkennung seiner Einzigartigkeit und fühlt sich erst dann erkannt und geliebt, wenn er diese erhält. Aber nicht nur

Menschen, auch Tiere, Pflanzen und unbelebte Dinge sind einzigartig, wenn man nur genau genug hinsieht. Alles ist sowohl vergleichbar als auch, bei genauer Betrachtung, einzigartig.

Verstandesmenschen → *Herz (Kopf und Herz)*

Vertrauen. *Dem Leben zu vertrauen ist die höchste aller Tugenden. Wenn du vertraust, wird dir nichts Böses widerfahren.*

Auch dem Vertrauenden kann Böses widerfahren, dann erst wird das Vertrauen so richtig auf die Probe gestellt. Erst ein Vertrauen, das auch dem Misstrauen und der Kontrolle vertraut, kann als höchste Tugend gepriesen werden, und erst wenn Misstrauen und Vertrauen, Kontrolle und Loslassen an den jeweils richtigen Stellen auftreten, kann man von Weisheit sprechen. Auch wenn du größtes Vertrauen hast, kann dir Schlimmes widerfahren, wie das in der biblischen Geschichte von Hiob beschrieben wird. Doch dann vertraust du, dass auch das seinen Sinn und seine Richtigkeit hat – und schließlich auch dem Tod.

Verwirklichung. *Wer sich selbst erkennt und seine wahre Natur verwirklicht, ist ein Selbstverwirklichter, Befreiter (ind. Mukti, Jivanmukti), ein Gottrealisierter (Avatar). Das ist das eigentliche und höchste Ziel der Esoterik.*

Die normale, massenhaft verbreitete, naive Form der Esoterik dient diesem Ziel nicht, sondern vernebelt in ähnlicher Weise wie die Lehren der Religionen es tun. Bei den seltenen »großen« Lehren jedoch (tib. Mahamudra), die auf wirkliche Befreiung abzielen, stellen die Begriffe »Befreiung« und »Verwirklichung« typische und tückische Fallen dar. Wovon wird denn da befreit? Wer noch irgendwo ein Gefängnis fürchtet, ist noch nicht frei. Was soll denn da verwirklicht werden? Es ist doch alles schon da. Etwas Unwirkliches kann nicht wirklich werden, auch durch keine spirituelle oder esoterische Technik.

Vier Elemente → ***Feuer, Wasser, Luft und Erde***

Voodoo *ist die in Afrika und der Karibik heimische Art der Esoterik. Auch wenn viele der Voodoo-Praktiken uns fremd erscheinen mögen, basieren sie doch auf denselben kosmischen Gesetzen wie unsere Esoterik.*

Auch Voodoo entbehrt einer gewissen Weisheit nicht völlig, ebenso wenig wie unsere heimische Esoterik. Die bei beiden anzutreffenden Gesetze sind jedoch keine kosmischen Gesetze, sondern vor allem Gesetze der Suggestion und Wahrnehmungstäuschung. Denen unterliegen die Menschen in Afrika und in der Karibik nicht seltener als bei uns in Europa.

W

Wachheit. *Auch wenn wir meinen, wir seien wach, schlafen wir eigentlich und sind unbewusst wie in einem Traum; nur Erleuchtete sind wach.*

Das ist eine ungenaue Behauptung, denn es gibt ja den Unterschied zwischen dem normalen Wachzustand und dem Traum der Nacht. Allerdings gibt es auch über die normale Wachheit hinaus Wahrnehmungszustände, die nicht von Begriffen geprägt sind. Das ist die so genannte »reine« oder »mystische Wahrnehmung«. Der Eintritt in diesen Zustand lässt sich allerdings mit dem Erwachen aus einem Traum vergleichen.

Wachstum → *Entfaltung*

Wahrheit *gibt es nicht. Alles ist Illusion, Maya.*

Zum Thema Wahrheit gibt es besonders viele Irrtümer. Der hier Zitierte ignoriert, dass es sehr wohl große und folgenreiche Unterschiede zwischen Lüge und Wahrheit, Wahrhaftigkeit und Heuchelei gibt. Eine anderer lautet: »Nur das Absolute ist wahr, alles Relative ist unwahr.« Dieser Irrtum führt dazu, dass Aussagen über das Absolute (Gott, das Unveränderliche, der Kosmos als Ganzes) als absolut wahr betrachtet werden, was ebenfalls ein Irrtum ist. Warum? Weil Sprache immer missverständlich ist, denn was verstanden wird, hängt wesentlich auch vom Empfänger ab.

Wahrnehmung. *Wir nehmen nur das wahr, was wir erwarten.*

Nein, es gibt auch Unerwartetes, es gibt auch Überraschungen. Wenn sich das Unerwartete deutlich genug zeigt, kann es wahrgenommen werden. Der richtige Kern an diesem populären Irrtum ist jedoch, dass unsere Erwartungen (dazu gehören auch unsere Ängste, Hoffnungen und Vorurteile) unsere Wahrnehmung tatsächlich drastisch einschränken.

Wahrsagen. *Manche Menschen sind hellsichtig, sie haben den Zukunftsblick und ahnen künftige Ereignisse auf unerklärliche Weise voraus.*

Unerklärlich? Auch für die Wissenschaft gibt es reichlich Geheimnisse. Vieles aber, was die Esoterik aus Liebe zum Mysteriösen zu einem Geheimnis macht, ist keines. Als ein Beispiel unter vielen mag hier das der sich bewahrheitenden Prognosen dienen, die das wissenschaftliche Prinzip der Randomisierung ignorieren. Jemand sagt z. B. voraus, dass man in diesem Jahr eine große Liebe erfahren wird – und es trifft ein! Wie konnte der Wahrsager das wissen? Er sagte es einfach und riskierte dabei, damit Unrecht zu haben. Das Risiko hierbei ist jedoch überschaubar. Trifft es nämlich nicht ein, kann es gut sein, dass man seine Prognose vergisst oder man sich selbst die Schuld daran gibt, dass man der Liebe nicht begegnet ist, weil man einfach zu verschlossen dafür war. Trifft man sie jedoch tatsächlich, wird man begeistert sein und sich vermutlich an die Prognose erinnern. Die Geschichten vom Scheitern erzählt man nicht so gern, einen Großteil davon verdrängt man sogar. Durch das Weitergeben positiver Erfahrungen entsteht der Eindruck, dass Prognosen von Astrologen und anderen Wahrsagern *überwiegend* eintreffen. Der Eindruck des Überwiegens aber liegt daran, dass hier nicht »ran-

domisiert« wurde, es wurde keine zufällige und ausreichend große Auswahl aus *allen möglichen* Prognosen getroffen, um auszuschließen, dass uns unsere lückenhafte und eventuell zu Optimismus neigende Wahrnehmung hierbei täuscht.
→ ***Charisma***

Das Lebenselement **Wasser** *ist energetisch beeinflussbar, zum Beispiel durch Musik, Aufschriften (auf dem Wasserbehälter) und Gedankenkraft, wie u.a. der japanische Forscher Emoto gezeigt hat.*

Wasser ist das Lebenselement, unsere Heimat. Nicht nur stammt alles tierische und pflanzliche Leben von dort, auch unsere persönliche Biografie beginnen wir im Wasser, beim Menschen immerhin neun Monate lang. So ist die – auch kultische – Verehrung des Wassers nur allzu verständlich, es ist geradezu ein Wunder, wie manche Hochkulturen, vor allem im Europa des 16. bis weit ins 18. Jhd. Wasser für schädlich hielten und die Berührung damit mieden. Allerdings sollte das auch kein Grund sein, Wasser in naiver Weise für beeinflussbar zu halten. Das »Bespielen« von Wasser mit Musik oder seine Beeinflussung durch liebevolle Aufschriften ist eine gut gemeinte Idee, die einer unvoreingenommenen Untersuchung jedoch nicht standhält. Ebenso das »Levitieren« von Wasser. In vielen Fällen ist Quellwasser gesünder als Leitungswasser und jedenfalls gesünder als Wasser aus stehenden Gewässern. Dadurch, dass Quellwasser nach oben sprudelt, obwohl doch die Gravitation es nach unten ziehen müsste, hat sich die Idee verbreitet, es müsse Eigenschaften besitzen, die dem Naturgesetz der Gravitation widersprechen. So etwas ist jedoch bislang bei keinem Gegenstand festgestellt worden, auch nicht beim Menschen. Durch Mythen wie den

Himmelfahrten der Heiligen, den UFOs, Superman und auch dem Springen der Lachse glauben viele Esoteriker, all dies sei nur durch Aufhebung der Gravitation möglich.
→ *Energie* → *Energetisierung* → *Levitation* → *Yin und Yang*

Wasseradern → *Erdstrahlen*

Gegen Ende des 20. Jahrhunderts endete das Fischezeitalter, und das **Wassermannzeitalter** *begann. Damit beginnt eine wiederum über 2.000 Jahre währende Zeit, in der die astrologischen Eigenschaften des Wassermanns, wie etwa Freiheitsliebe, eine größere Rolle spielen als etwa Fischeeigenschaften wie Anpassung, Verschmelzung, Religiosität, die die Zeit des Christentums geprägt haben.*

Auch wenn das 1968 erstaufgeführte Musical »Hair« im ersten Lied diese epochale Wende besang: »this is the dawning of the age of aquarius« (Dies ist die Morgendämmerung des Wassermannzeitalters), ist das nur eine schöne Idee. Wenn es stimmt, was Victor Hugo sagte, dass »nichts mächtiger ist als eine Idee, deren Zeit gekommen ist«, dann kann diese Idee gewaltig wirken. Allerdings sind sich erstens die Theoretiker nicht einig, wann das neue Zeitalter überhaupt beginnen soll. Für Rudolf Steiner etwa beginnt es erst im Jahr 3.573 n. Chr. Zweitens sind auch die neuen Eigenschaften nur für entsprechend gepolte Augen sichtbar. Für andere Augen sieht es so aus, als würde nach den 200 Jahren, die von den Idealen der Aufklärung geprägt waren, nun wieder ein religiöses Zeitalter beginnen, und auch das Bedürfnis nach Anpassung ist nicht geringer geworden.
→ *NewAge*

Weiblichkeit. *Religiosität, Spiritualität und Esoterik erfordern Sensibilität und Empfänglichkeit, also weibliche Eigenschaften. Deshalb ist für Frauen der Zugang zu diesen Dimensionen leichter. Will die Seele Gott empfangen, Visionen oder spirituelle Botschaften, muss sie sich für »den Heiligen Geist« öffnen, so wie einst Maria, als sie den Gottessohn empfing.*

Heiko Ernst, der Chefredakteur von »Psychologie Heute« nennt Frauen »das esoterische Geschlecht«. Tatsächlich sind zwei Drittel bis vier Fünftel derer, die sich heute in Deutschland der Esoterik-Szene zugehörig fühlen, weiblich, ihre Leitfiguren (Autoren, Referenten) aber sind überwiegend männlich. Muss man, um zu glauben oder zu folgen, weiblich sein? Hilft es wenigstens ein bisschen? Im Hinduismus sagt man, dass der Schüler (Sisya) des Guru weibliche Qualitäten haben müsse, um die Botschaft »empfangen« zu können, er müsse sich hingeben können. Solches wird auch im Sufismus von dem Suchenden verlangt, und so ähnlich in den anderen spirituellen Richtungen. Allerdings braucht der Schüler auch Stärke und Durchhaltevermögen, Geduld, Ausdauer und schließlich die Kraft, sich aus der Schülerschaft zu befreien um sich zu verwirklichen. Eigenschaften, die gemeinhin eher als männlich gelten. Und noch etwas spricht für die Männer: Wenn sie genug gekämpft haben als lonely rider durch die Wüste des Lebens im Dualismus wollen sie sich hingeben und verschmelzen. Wer hingegen von Anfang an nur Hingabe und Verschmelzung will, für den bricht dann oft auf höheren Stufen des spirituellen Weges das selbstbewusste Ego aus und beansprucht Freiheit, Anerkennung und Autonomie – was eine große Hürde für die vollständige Befreiung ist.

Esoterik ist angewandte **Weisheit.**

Leider ist das nicht der Fall, sondern die Esoterik hat selbst ein Menge Wissen angesammelt, das überwiegend mit der jeweils herrschenden Religion oder Wissenschaft konkurriert. In der Konkurrenz mit diesen anderen Systemen des Wirklichkeitsverständnisses muss sie beweisen, dass sie besser ist, erfolgreicher oder realistischer. Meist gelingt ihr das nicht. Es wäre klüger, wenn die Esoterik sich darauf beschränken würde, aus der Vielfalt des dem Menschen zur Verfügung stehenden Wissens das Wesentliche herauszusuchen und es als Lebenskunst im Alltag und in allen Entscheidungssituationen anzuwenden. Das wäre dann »angewandte Weisheit«.

Die Modeerscheinung **Wellness** *zeigt, dass esoterische Einsichten sich heutzutage unausweichlich immer weiter ausbreiten.*

→ ***Wassermannzeitalter***

Die Frage **Wer bin ich?** *ist die essentielle spirituelle Frage. Wer sie beantworten kann, ist erleuchtet.*

Wer sie beantworten kann ist ein Idiot. Das Wort »Idiot« kommt aus dem Altgriechischen und bedeutet dort »Privatperson« oder »Eigentümlichkeit«. Wer so eigentümlich ist, dass er meint, er sei etwas Besonderes, etwas, das nicht alle anderen auch sind, ist also ein Idiot. In diesem Sinne sind wir allerdings alle Idioten, weil wir uns für jemand halten und nicht für niemand. Die spirituelle Wahrheit ist jedoch, dass wir niemand sind, namenlos, alles und nichts. Erst die Gesellschaft bedeckt unsere Nacktheit, unsere unspezifische Allerweltsnatur mit einem Namen und gibt uns eine Identität, die Illusion einer Besonderheit, mit der wir dann herumlaufen – die Idioten unter uns ein Leben lang, ohne Einsicht. Etwas genauer betrachtet sind wir allerdings sowohl ein Niemand wie ein Jemand. Die Frage »Wer bin ich?« ist tatsächlich die essentielle spirituelle Frage. Wer sie mit einer begrenzten Identität beantwortet, ist nicht erleuchtet, sondern beschränkt. Genau genommen sind alle Antworten beschränkt. Auch »Ich bin Bewusstsein« ist beschränkt; es sei denn, alles ist Bewusstsein, dann aber ist diese Antwort bedeutungslos, genauso wie die Aussage »Ich bin alles«.

Allmählich beginnt die **Wissenschaft** *zu erkennen, was Eingeweihte in das Geheimwissen bereits seit Jahrtausenden wissen. Es steht ja schon alles in den Veden, die alten Ägypter wussten es, die Atlanter sowieso.*

Mitnichten. Wer in die Übersetzung der Texte etwa aus den altindischen Veden Aussagen aus der Atomphysik hineinlesen will, kann das, aber das ist die Kunst des Hineinlesens. Man kann auch alles Mögliche andere dort herauslesen und auch das Gegenteil davon. Das Kuriose an der heutigen Esoterik ist, dass ihr einerseits stolz die Brust schwillt, wann immer eine wissenschaftliche Erkenntnis ihre (uralten, schon immer gewussten) Thesen zu bestätigen scheint, sie andererseits aber der Wissenschaft Primitivität und Einseitigkeit vorwirft: Den Geist würde die Wissenschaft ignorieren, das Bewusstsein, die Untrennbarkeit von Subjekt und Objekt und andere Binsen der Esoterik. Offenbar eine Hassliebe.

Wiedergeburt → *Reinkarnation*

Am Anfang war das **Wort.**

Erst war da die Welt, noch ganz ohne Worte. Dann bildeten sich Sonnen und Planeten. Schließlich gab es auf einem dieser Planeten Wasser, in dem sich Aminosäuren, Eiweiße und dann Einzeller bildeten. Aus ihnen wurden Mehrzeller und schließlich der Mensch. Der sprach erstmal noch keine Worte, sondern äußerte Laute und gab Zeichen, auf die seine Artgenossen reagierten. Das Wort als Partikel einer komplexen Sprache gibt es seit etwa 40.000 Jahren, schätzen die Erforscher der Frühgeschichte. Warum sagen dann so viele Mythen, darunter auch der biblische, erst sei das Wort da gewesen, dann die Welt? Weil wir Menschen erfinderisch sind und unsere Worte Welten erschaffen können – Welten der Fantasie. In Analogie dazu müsste es auch erst einen Fantasten gegeben haben, der das erschaffen hat, was wir heute für unsere Welt halten. Ich nenne ihn: Gott.

Die letzten Wahrheiten liegen jenseits der **Worte**, *sie sind unsagbar.*

Ist das wahr? Immerhin sagt uns das ein Satz aus Worten. Gerade wenn Leute »sprachlos« sind vor Entsetzen, ist ihr Geschimpfe oft besonders aggressiv, und auch die Traktate der Philosophen und Esoteriker über das Unsagbare und die Wahrheiten jenseits der Worte sind Legion. Tatsächlich ist es viel einfacher: Das, was Sprache bedeutet, ist in der Regel etwas anderes, als das, was sie ist. Ein Bild und das darauf Abgebildete sind in der Regel verschieden. Nur in Sonderfällen meint ein Bild, Wort oder Satz sich selbst: Dieser Satz hat fünf Worte. Der meint sich selbst; hier sind Symbol und Bedeutung dasselbe. Im Normalfall aber ist das Symbol von dem, was es bedeutet, verschieden und möchte das Gemeinte

kraft seiner faszinierenden Wirkung magisch herbeirufen. Ein »echt magisches« Herbeirufen funktioniert aber nur in den Sonderfällen der »sich selbst erfüllenden Prophezeiungen«, in allen anderen ist der Glaube an eine solche Magie naiv. Nichtsdestotrotz ist solcher Glaube sehr weit verbreitet und bildet die Grundlage von 90 % dessen, was massenweise für Religion oder Esoterik gehalten wird. »Das wahre Tao ist nicht das, worüber man sprechen kann«, mit diesem Satz beginnt das Tao Te King. Das ist wohl die berühmteste Ausrede dieser Art, und ich finde: die schönste! Auf diesen ersten Satz folgt ein weises Traktat (natürlich aus Worten) über das eben noch unbeschreiblich Genannte.
→ ***Wahrsagen***

Wünsche/Wunscherfüllung. *All unsere Wünsche werden wahr, wenn wir sie nur intensiv genug und aus vollem Herzen wünschen.*

Dies ist zur Zeit (2008) einer der populärsten Irrtümer, er hat ein ganzes Genre an Ratgeberliteratur produziert, welches den Suchenden darin berät, auf richtige Weise zu wünschen, so dass die Wünsche auch tatsächlich in Erfüllung gehen. Das Frustrierende daran ist, dass die meisten Wünsche trotz intensivster Wünscherei nicht in Erfüllung gehen, und dass die meisten Ratgeber das Kriterium nicht nennen und es vielleicht nicht einmal kennen, bei welchen Wünschen eine Erfüllung möglich ist und bei welchen nicht. Das Kriterium ist das Folgende: Unsere Identität betreffende Wünsche können (unter beeinflussbaren Umständen) in Erfüllung gehen; was von unserer Identifizierung (mit etwas oder jemand) nicht beeinflussbar ist, das kann auch bei intensivstem Wünschen nicht magisch herbeigerufen werden.

Die noch vor wenigen Jahren übliche Praxis der Wünscherfüllung war die aus dem positiven Denken (Dale Carnegie, Joseph Murphy, Anthony Robbins, Erhard Freitag und viele andere) hervorgehende.
→ ***Affirmationen***

Wünschelruten *sind Instrumente, mit denen man verborgene Wasseradern entdecken oder auch Wasser für einen Brunnen finden kann. Auch erdmagnetische Störquellen, die Unfälle verursachen, lassen sich mit Wünschelruten ausfindig machen.*

Der Ausschlag der Wünschelrute in der Hand eines Rutengehers lässt sich überwiegend durch den Carpenter-Effekt oder ideomotorischen Effekt erklären, der darin besteht, dass das Denken an eine Bewegung eben diese auslöst, auch ohne dass sie beabsichtigt wurde. Menschen, die diesen Effekt bei sich beobachten, halten sich gern für ein Medium, das Erdschwingungen wahrnehmen und in eine solche Bewegung umsetzen kann. Signifikante positive Ergebnisse des Rutengehens gibt es bislang nur für die Suche nach Wasser für Brunnen, nicht für die Suche nach Erdstrahlen oder Störfeldern, die von so genannten Wasseradern ausgehen sollen.

Wunder *sind Ereignisse, die sich über die Naturgesetze hinwegsetzen. Wer nicht völlig den Suggestionen des Profanen erlegen ist und die Welt mit den Augen des Herzens sieht, weiß, dass es Wunder gibt.*

Wenn ein Ereignis einem Naturgesetz widerspricht, ist das Naturgesetz damit erledigt. Naturgesetze haben keine Aussetzer. Es gibt aber oft Aussetzer der normalen Wahrnehmung, beim Menschen ebenso wie bei Tieren. Meist sind solche Aussetzer der Grund, dass der Eindruck eines Wunders entsteht. Auffällig an den Wundern ist, dass sie fast immer mit der kulturellen Prägung des Wahrnehmenden konform gehen: Katholiken haben Marienerscheinungen, Buddhisten erscheint der Buddha. Wissenschaftler wundern sich über die ganze Welt, Esoteriker staunen nur bei den vermeintlichen Aussetzern.

Wut → *Aggression*

Y

Yin und Yang. *Wasser besiegt den Felsen, und es ist so demütig, dass es immer den tiefsten Ort sucht: Von dort kann es nicht mehr fallen. Das Weiche und Nachgiebige besiegt das Harte. Deshalb ist von den beiden kosmischen Prinzipien Yin und Yang Yin das stärkere.*

Solche Aussagen freuen die Frauen und alle Kritiker des Patriarchats, auch mich, da jubelt das Herz. Was ist jedoch wirklich stärker? Wenn eine Bombe oder ein Schwert weiches, wehrloses Leben vernichtet natürlich das Yang – leider. Umso mehr freut man sich über Beispiele wie die, wo das nachgiebige, flexible Wasser den harten Felsen besiegt und es aus dem tiefen Tal nicht noch tiefer fallen kann. Bei solcher Weisheit, wie sie so (beinahe) zeitlos schön im *Tao Te King* formuliert wurde, ist außerdem zu bedenken, dass diese Schriften und Weisheiten sich als Gegenpol zu einer patriarchalen Gesellschaft abgebildet haben und als solche besonders tief und weise wirken. In einer stärker yin-orientierten Gesellschaft hätte das Yang unter den Weisen wieder mehr Konjunktur. Da würde die Esoterik dann vermutlich eher yang-verherrlichende Schriften bejubeln.

Yoga *ist eine Wellness-Methode, die aus dem alten Indien stammt. Dabei muss man sich zwar den Körper verrenken, aber wenn man das aushält, geht es einem danach doch ziemlich gut, so ähnlich wie nach einem guten Workout im Fitnessstudio.*

Yoga ist keine Wellness-Methode, sondern bedeutet die praktische Realisierung der spirituellen Philosophie, wie sie in Indien seit Jahrtausenden verstanden wird. Wörtlich bedeutet Yoga »Zusammenbringen«, so wie ein Joch beim Pflügen zwei Ochsen mit dem Pflug zusammenbringt. Yoga will vereinigen: Theorie und Praxis, Körper und Geist, die Sinne und das Wesen des Menschen. Das Individuum wird dabei als Wagen einer Kutsche gesehen, dessen Kutscher der Verstand ist. Der Fahrgast ist die Seele, die fünf Pferde sind die Sinne und das Geschirr oder »Joch« – etymologisch verwandt mit »Yoga« – hält das Ganze zusammen.

Z

Zeit *ist eine Illusion.*

Die Behauptung der uneingeschränkten Wahrheit dieses Satzes ist einer der populärsten Irrtümer der Esoterik, der – wie so viele andere – pseudowissenschaftlich begründet wird: Das habe doch schon Einstein herausgefunden; alles ist relativ, und insbesondere ist Zeit eine Illusion. Wenn man dann mal zu einer Verabredung zu spät kommt, kann man den Wartenden, der rechtzeitig vor Ort war, belehren: Zeit ist eine Illusion! Tatsächlich ist Zeit ebenso wie Raum eine Koordinate, die der Mensch erschafft, um die Phänomene der Wirklichkeit zu ordnen. Als solche ist sie sehr nützlich – zum Beispiel für Verabredungen. Dass es dennoch, philosophisch gesehen, immer nur die Gegenwart gibt und die Zukunft nie eintreten wird, bleibt davon unbenommen.

Zellbewusstsein. *Wenn ein Wissen wirklich tief in uns sinkt, dann erreicht es unsere Zellen, unser »Zellbewusstsein« und wird dann über die Gene sogar auf die nächste Generation übertragen, ohne dass die Erziehung dieses Wissen erst vermitteln müsste.*

Die biologische Ignoranz großer Teile der Esoteriker übertrifft sogar noch die Ignoranz, was Physik und Astronomie anbelangt. So hat sich auch die Idee eines »Zellbewusstseins« in die Esoterikszene eingeschlichen oder dort zu einer Blüte pseudowissenschaftlicher Darlegungen geführt. Tatsächlich ist Bewusstsein, nach allem, was die seriöse Forschung weiß, an ein Gehirn gebunden, also ein Zentralnervensystem, das natürlich aus Zellen besteht. Anhaltspunkte für ein dem menschlichen ähnliches Bewusstsein (und von anderen wissen wir nichts) gibt es jedoch nur, wenn Millionen oder gar Milliarden von Zellen zusammenkommen, und auch nicht irgendwelche Zellen, sondern Neuronen, Nervenzellen. Knochen- oder Hautzellen sind dafür keine Basis. Und ob Erfahrungen eines Individuums dessen Zellkern und darin die DNS verändern können, ist wissenschaftlich umstritten. Jedenfalls ist es nicht so, dass tiefe Erfahrungen bis zum Zellkern reichen, weniger tiefe außen vor bleiben würden. Die Tiefe einer Erfahrung ist eine Eigenschaft, die sich im interaktiven Verband von Millionen von Zellen zeigt, nicht in einer einzelnen. Gründe für eine Erschütterung dieser vorherrschenden Auffassung in der Wissenschaft gibt es bislang nicht. Dass im Körper des Menschen die Spuren seiner Biografie zu sehen und zu spüren sind, dort auch im Bindegewebe und überall, nicht nur in den Gedächtniszellen des Gehirns, bleibt davon unberührt.

Zen *ist die unerklärliche Weisheit des Buddha, die von autorisierten Zenmeistern gelehrt wird und sich nicht in Worten ausdrücken lässt.*

Zen kann auch von Menschen gelehrt werden, die nicht autorisiert und keine Meister sind. Zen ist einfach die ostasiatische Bezeichnung für die Mystik oder *philosphia perennis*, die sich nicht sagen, allerdings auch nicht unmissverständlich zeigen lässt.

Zenmeister *sind spirituelle Lehrer, die ihre Weisheit und Lehrbefugnis von einem anderen Zenmeister übertragen bekommen haben. Die Linie solcher Übertragungen geht in ununterbrochener Folge bis auf den historischen Buddha zurück.*

Manche der heutigen offiziellen Zenmeister machen nicht den Eindruck, von Weisheit beleckt oder gar von Buddhas Geist durchdrungen zu sein. Offenbar ist eine Autorisierung selbst bei Zenmeistern keine Garantie für Weisheit. Ob die Übertragungen lückenlos waren, wer kann das schon sagen? Es werden ja auch Doktortitel gekauft oder gefälscht. Außerdem, selbst wenn die Übertragung lückenlos war, kann dabei der Geist, die Intelligenz, die Inspiration, die Weisheit verloren gegangen sein. Menschen sind eben menschlich, das gilt auch für Zenmeister.

Zenstock. *Wenn dein spiritueller Lehrer dir etwas antut, meint er es gut mit dir, und das Beste, was du in dem Moment tun kannst, ist, diesen »Zenstock« als ein Geschenk anzunehmen.*

Auch spirituelle Lehrer sind manchmal wütend und ungerecht. Nicht immer meinen sie es gut mit dir. Ein Schüler ist auch gegenüber spirituellen Lehrern gut beraten, wenn er sich vor Missbrauch schützt.
→ *Aggression*

Zeuge. *Ganz mit dem inneren Zeugen zu verschmelzen, ist das Ziel der spirituellen Suche.*

Stimmt. Aber der »innere Zeuge« (ein Begriff aus der Sufi-Tradition) ist keine Person, er ist reine Achtsamkeit. Sobald aus ihm ein Jemand wird, ist die Achtsamkeit dahin, und es entsteht Anhaftung, Unfreiheit. Der echte innere Zeuge ist niemand, er ist reine Beobachtung dessen, was geschieht.

Zufall. *Es gibt keine Zufälle.*

Dies ist ebenso einer der häufigsten Irrtümer der Esoterik, und er ist dabei, in die globale Popkultur von heute aufgenommen zu werden. Wahr ist an dieser Aussage nur die Binse, dass man es schaffen kann, in allem einen Sinn zu sehen. Das resultierende Gefühl, im Universum geborgen und dort, wo man gerade ist, nicht fehl am Platz zu sein, das ist doch was wert. Andererseits gibt es den durchaus relevanten Unterschied zwischen einem vorhersagbaren Ereignis und zum Beispiel der richtigen Lottozahl der kommenden Woche.

Zukunftsblick → *Wahrsagerei*

Im Jahr **2012** *wird die Menschheit eine große Wende erfahren. Das hat der Maya-Kalender so prophezeit, und es gibt auch sonst viele Anzeichen dafür, dass das das Ende der Welt sein wird, der Welt, wie wir sie kennen.*

Das Ende der Welt ist schon oft vorausgesagt worden. Auch Jesus glaubte, das Reich Gottes und damit das Ende der Welt würde noch zu seinen Lebzeiten eintreten. War aber nicht, und auch nicht in den Generationen danach. Und auch nicht im Jahr 1.000 nach Christi und auch nicht tausend Jahre später. Die Apokalypse ist nur eine Vorstellung in den Köpfen der Menschen, die nur dann eintritt, wenn ausreichend viele glauben, dass sie eintritt und sich demgemäß verhalten.